Emilia Stappert

Traumrasse

Pomsky

Das Beste aus Pomeranian und Husky

Bibliografische Information der Deutschen Nationalbibliothek
Die Deutsche Nationalbibliothek verzeichnet diese Publikation in der Deutschen Nationalbibliografie,
detaillierte bibliografische Daten sind im Internet über http://dnb.d-nb.de abrufbar

In diesem Buch nutzen wir manchmal geschlechtsneutrale Begriffe, um den Text flüssiger und leichter lesbar zu gestalten. Das bedeutet jedoch nicht, dass wir die Bedeutung des Geschlechts ignorieren oder herabsetzen. Wir erkennen und schätzen die Vielfalt und Einzigartigkeit jedes Einzelnen. In Fällen, in denen eine geschlechtsspezifische Differenzierung für das Verständnis wichtig ist, haben wir diese beibehalten. Bitte verstehen Sie diese vereinfachte Sprache als Teil unseres Bestrebens, das Lesen für alle so angenehm wie möglich zu gestalten. Danke, dass Sie ein Teil unserer Lese-Community sind.

1. Auflage April 2025

Haftungsausschluss
Alle Angaben in diesem Buch wurden sorgfältig recherchiert, sie erheben aber keinen Anspruch auf Vollständigkeit oder frei von Fehlern zu sein. Die aufgeführten Inhalte dienen der allgemeinen Information, im Einzelfall sind sie keineswegs geeignet, auf eine individuelle Beratung oder einen Tierarztbesuch zu verzichten. Insbesondere können weder Autor noch Herausgeber oder Verlag eine Haftung für Schäden oder Verluste übernehmen, die dem Leser dadurch entstehen könnten, dass er ausschließlich auf eine Information vertraut, die er diesem Buch entnimmt.

Die Wiedergabe von Gebrauchsnamen, Handelsnamen, Warenbezeichnungen usw. in diesem Werk berechtigt auch ohne Kennzeichnung nicht zu der Annahme, dass solche Namen im Sinne der Warenzeichen- und Markenschutzgesetzgebung als frei zu betrachten wären und daher von jedermann benutzt werden dürften.

Verlag: BoD · Books on Demand GmbH, Überseering 33, 22297 Hamburg, bod@bod.de
Druck: Libri Plureos GmbH, Friedensallee 273, 22763 Hamburg
ISBN: 978-3-8192-0942-0

Bildnachweis:
Cover und Fotos im Buch: adobe stock, Pixabay, Wikipedia, teilweise Ki-generiert
Illustrationen im Buch: adobe stock - Igor Zakowski, adobe stock - ilyakalinin

Dieses Buch soll informieren. Klar.

Aber es soll auch Spaß machen - daher enthält es nicht nur Texte, sondern auch zahlreiche Zeichnungen: unsere „Models".

Ganz gezielt haben wir unsere Zeichner gebeten, hier nicht nur typische Rassebilder zu gestalten, sondern niedliche, lustige und zum Teil auch gar nicht als Rasse erkennbare Hunde in das Layout zu übernehmen.

Auch im Ausbildungsteil finden Sie ein Model, das so gar nicht der hier vorgestellten Rasse entspricht - nehmen Sie es bitte locker, denn es geht um das Erkennen der Grundkommandos - nicht mehr und nicht weniger.

Inhaltsverzeichnis

Liebe Leserinnen und Leser,

als ich begann, diesen Ratgeber zu verfassen, wurde ich von dem tiefen Wunsch getragen, eine Huldigung an einen vierbeinigen Gefährten zu schreiben, der mein Leben auf eine ganz besondere Weise bereichert hat –

den Pomsky.

Was fasziniert mich an dieser lebhaften und außergewöhnlichen Hunderasse?

Es ist die einzigartige Kombination aus Husky-Wildheit und Zwergspitz-Charme, die verspielte Neugier, das intelligente Wesen und die unverkennbare Ausstrahlung, die mich Tag für Tag aufs Neue verzaubern.

Der Pomsky ist nicht nur hübsch anzusehen – er ist voller Energie, liebt seine Menschen über alles und überrascht immer wieder mit seinem schlauen Köpfchen.

Obwohl er zu den kleineren bis mittelgroßen Hunden zählt, besitzt der Pomsky das Temperament und das Selbstbewusstsein eines Großen – und eine Lebensfreude, die jeden Augenblick mit ihm zu etwas Besonderem macht.

Mit diesem Ratgeber lade ich Sie ein, die faszinierende Welt des Pomsky zu betreten.

Erfahren Sie mehr über die Entstehung und Herkunft dieser jungen Hybridrasse, die aus der liebevollen Kreuzung zwischen Siberian Husky und Zwergspitz (Pomeranian) hervorgegangen ist. Ich zeige Ihnen, wie Sie einen Pomsky-Welpen in Ihr Leben integrieren, ihn auf liebevolle Weise erziehen und fördern können – mit einem besonderen Fokus auf positiver Verstärkung und einem harmonischen Miteinander.

Auch das wichtige Thema „Kinder und Hund" kommt nicht zu kurz, denn ein Pomsky kann ein großartiger Familienhund sein – wenn man seine Bedürfnisse versteht und respektiert.

Wir beleuchten gemeinsam, worauf es bei der Ernährung, Pflege und Gesunderhaltung ankommt, und werfen einen Blick auf typische Herausforderungen, die bei dieser Rasse auftreten können – immer mit dem Ziel, dass Ihr Pomsky ein glückliches und gesundes Leben an Ihrer Seite führen kann.

Weil dieser Hund so viel Freude in Bewegung und Abwechslung findet, gebe ich Ihnen außerdem Ideen zur artgerechten Beschäftigung und Inspirationen, wie Sie Ihren Pomsky auch in Ihre Urlaubsplanung einbinden können.

Das Schreiben dieses Ratgebers war für mich eine Herzensangelegenheit. Ich hoffe, meine Begeisterung und meine Liebe zu dieser besonderen Rasse spiegelt sich in jeder Zeile wider. Ob Sie bereits stolzer Pomsky-Besitzer sind oder sich erst mit dem Gedanken tragen, einem dieser charmanten Vierbeiner ein Zuhause zu geben – ich bin sicher, dass Sie in diesem Buch viele wertvolle Anregungen und kleine Aha-Momente finden werden.

Begleiten Sie mich auf dieser Reise in die wunderbare Welt des Pomsky. Ich wünsche Ihnen viel Freude beim Lesen – und mit Ihrem ganz persönlichen Herzenshund.
Ihre Emilia Stappert & Team

Zum Beginn noch ein paar Infos für Sie.

Dieses Buch wurde mit viel Liebe und Sorgfalt gestaltet, um sowohl erfahrenen Hundehaltern als auch Neulingen in der Welt der Hunde einen wertvollen Begleiter zu bieten. Ob Sie sich schon lange mit Hunden umgeben oder ob Sie zum ersten Mal einen vierbeinigen Freund in Ihr Leben einladen, Sie finden hier wertvolle Informationen und Ratschläge.

Das Buch ist so aufgebaut, dass es allgemeine Themen rund um das Leben mit einem Hund behandelt, sowie spezielle Aspekte, die für den Pomsky typisch sind. Jedes Kapitel beginnt mit allgemeinen Informationen und Ratschlägen zu Themen wie Ernährung, Erziehung, Pflege und Gesundheit. Anschließend finden Sie spezielle Abschnitte, die auf die Bedürfnisse und Besonderheiten der Rasse eingehen.

Diese speziellen Abschnitte sind für Sie besonders wichtig. Sie bieten tiefere Einblicke und detailliertere Informationen, die auf die speziellen Anforderungen und Eigenheiten dieser faszinierenden Hunde abgestimmt sind.

Egal, ob Sie gerade erst beginnen, sich für den Pomsky zu interessieren, oder ob Sie bereits ein erfahrener Halter dieser Rasse sind – dieses Buch ist so gestaltet, dass es Ihnen hilft, Ihr Wissen zu vertiefen und Ihren Hund besser zu verstehen.

Ich lade Sie ein, dieses Buch in Ihrem eigenen Tempo zu lesen. Sie können es von Anfang bis Ende lesen oder zu speziellen Themen springen, die Sie besonders interessieren.

Vergessen Sie nicht, dass jeder Hund ein Individuum ist und es immer Ausnahmen von der Regel gibt. Nutzen Sie dieses Buch als Leitfaden, aber hören Sie auch auf Ihr Bauchgefühl und die Signale, die Ihr Hund Ihnen gibt.

Ich wünsche Ihnen viel Freude beim Lesen und Entdecken und vor allem ein wundervolles und erfülltes Leben mit Ihrem Pomsky.

Doch jetzt genug der Einleitung. Einmal umblättern und es geht los mit unserer gemeinsamen Reise in die wunderbare Welt der Hunde.

So ist der Pomsky.

So ist der Pomsky – Ein kleiner Hund mit großer Persönlichkeit

Der Pomsky ist mehr als nur ein hübsches Gesicht. Diese faszinierende Hybridrasse, entstanden aus der Kreuzung eines Siberian Huskys mit einem Pomeranian (Zwergspitz), hat sich in kürzester Zeit in die Herzen vieler Hundefreunde geschlichen – und das mit Recht. Der Pomsky verbindet auf einzigartige Weise das Beste zweier Welten: die majestätische Erscheinung und Intelligenz des Huskys mit dem Charme, der Verspieltheit und dem Format des Pomeranian.

Aussehen: Mini-Husky oder flauschiger Charmeur?

Der Pomsky ist ein echter Hingucker. Viele Vertreter dieser Rasse erinnern an kleine Huskys mit ihren eisblauen oder zweifarbigen Augen, den spitzen

Ohren und dem dichten, oft mehrfarbigen Fell. Andere wiederum zeigen stärker die typischen Merkmale des Pomeranian – etwa das runde Gesicht, das „Teddybären"-Aussehen oder das fuchsartige Schnäuzchen.

Da es sich um eine Mischrasse handelt, gibt es beim Pomsky keine einheitlichen Standards, und sowohl Größe als auch Fellstruktur können variieren. Die meisten Pomsky wiegen zwischen 5 und 15 Kilogramm und erreichen eine Schulterhöhe von etwa 25 bis 38 cm – abhängig davon, welche Elterneigenschaften dominieren. Eines jedoch haben sie alle gemeinsam: Sie sind ausgesprochen niedlich – und das wissen sie auch!

Charakter: Charmant, klug, verspielt

Der Pomsky ist ein echtes Energiebündel mit einem großen Herzen und einem wachen Geist. Er liebt es, im Mittelpunkt zu stehen und genießt die Nähe zu seinen Menschen. Wer einen Pomsky hält, sollte sich auf viele neugierige Blicke einstellen – und auf einen kleinen Begleiter, der weiß, wie er Aufmerksamkeit bekommt.

Er ist oft sehr anhänglich, verschmust und familienbezogen, gleichzeitig aber auch unabhängig und eigenwillig – ganz der kleine Husky. Seine Intelligenz und Lernfreude machen ihn zu einem tollen Hund für aktive Menschen, die Spaß daran haben, ihren Vierbeiner zu fordern und zu fördern.

Allerdings ist der Pomsky kein Hund für Couch-Potatoes. Er braucht ausreichend Bewegung, mentale Auslastung und vor allem klare Regeln, sonst kann er schnell dickköpfig oder unerzogen wirken. Seine kluge Art bedeutet nämlich auch, dass er genau weiß, wie weit er gehen kann – ein bisschen „Clown", ein bisschen „Drama-Queen", aber immer mit viel Charme.

Sozialverhalten: Familienfreundlich und neugierig

Pomsky sind in der Regel sehr freundlich – sowohl gegenüber Menschen als auch anderen Hunden. Ihre Offenheit und Neugier machen sie zu guten Familienhunden, auch im Zusammenleben mit Kindern. Wichtig ist allerdings, dass der Umgang respektvoll erfolgt und der Hund nicht überfordert wird – besonders bei kleineren Kindern.

Mit anderen Haustieren kommt der Pomsky meist gut klar, vor allem wenn er frühzeitig sozialisiert wurde. Seine Herkunft bringt jedoch einen gewissen Jagdtrieb mit sich, insbesondere bei stark huskygeprägten Pomsky – daher ist ein wachsames Auge bei Kleintieren ratsam.

Erziehung: Früh, liebevoll und konsequent

Pomsky sind intelligent – und das bedeutet: Sie lernen schnell, was sich lohnt. Positive Verstärkung, Geduld und Konsequenz sind der Schlüssel zur erfolgreichen Erziehung. Harte Strafen sind bei dieser sensiblen Rasse fehl am Platz.

Schon im Welpenalter sollten grundlegende Kommandos, Alltagssituationen und Sozialkontakte geübt werden. Auch das Alleinbleiben will trainiert sein, denn viele Pomsky neigen zu Trennungsangst, wenn sie nicht richtig vorbereitet werden.

Tipp: Der Pomsky liebt Aufgaben. Ob Tricks, Agility, Schnüffelspiele oder Clickertraining – alles, was sein Köpfchen fordert, macht ihm Spaß und fördert die Bindung.

Pflege: Flauschig, aber anspruchsvoll

Das wunderschöne Fell des Pomsky verlangt Aufmerksamkeit. Je nach Felltyp (glatt, flauschig oder dicht wie beim Husky) ist regelmäßiges Bürsten Pflicht – insbesondere während des Fellwechsels. Zwei- bis dreimal pro Woche sollten es mindestens sein, damit es nicht zu Verfilzungen oder Hautproblemen kommt.
Auch die Zahnpflege, regelmäßige Krallenkontrolle und Ohrenhygiene gehören zur Routine. Wer seinen Pomsky von Anfang an daran gewöhnt, hat später keine Probleme – ganz im Gegenteil: Viele Pomsky genießen die Zuwendung während der Pflege.

Gesundheit: Robust, aber wachsam bleiben

Wie bei allen Hybridhunden können auch beim Pomsky sowohl rassespezifische als auch allgemeine gesundheitliche Themen auftreten.

Dazu zählen zum Beispiel:
Zahnprobleme (kleines Maul, enge Zahnstellung)
Patellaluxation
Augenprobleme
Hüftdysplasie (seltener, aber möglich)
Allergien oder Hautprobleme

Regelmäßige tierärztliche Checks, ausgewogene Ernährung und viel Bewegung tragen dazu bei, dass Ihr Pomsky lange gesund und munter bleibt.

Fazit: Ein Herz auf vier flinken Pfoten

Der Pomsky ist ein Hund für Menschen, die das Besondere lieben. Er ist charmant, energiegeladen, treu und clever – aber auch fordernd, sensibel und mit einem gewissen Eigensinn ausgestattet. Wer bereit ist, ihm Zeit, Aufmerksamkeit und eine konsequente Erziehung zu schenken, wird mit einem lebensfrohen, treuen Gefährten belohnt, der jeden Tag aufs Neue zum Abenteuer macht.

Ein Pomsky ist kein Modehund. Er ist ein Herzenshund. Und wer ihn kennt, weiß: An seiner Seite wird es nie langweilig.

Dichtes, weiches Fell.

Das fell und die farben dieser Rasse.

Wenn man einem Pomsky zum ersten Mal begegnet, fällt eines sofort ins Auge: sein Fell. Dicht, weich, oft zweifarbig – manchmal sogar mit markanten Gesichtszeichnungen wie beim Husky – ist es eines der auffälligsten Merkmale dieser außergewöhnlichen Hybridrasse.

Doch das Fell des Pomsky ist nicht nur wunderschön, sondern auch ein Spiegel seiner genetischen Vielfalt. Seine Farben, seine Struktur und sein Pflegebedarf können stark variieren – und machen jeden Pomsky zu einem echten Unikat.

Fellstruktur – Von Husky-Dicht bis Spitz-Flausch

Da der Pomsky eine Kreuzung zwischen Siberian Husky und Pomeranian ist, kann die Fellstruktur stark schwanken – abhängig davon, welchen Einfluss die Elterntiere vererben. In der Regel sind Pomsky doppelt behaart, also mit Unterwolle und einem darüberliegenden Deckhaar. Diese Kombination schützt vor Kälte, Hitze und Feuchtigkeit – macht das Fell aber auch pflegeintensiv.

Es gibt im Wesentlichen drei Felltypen bei Pomsky:
Plüsch- oder Teddybär-Fell (mittellang und dicht):
Der häufigste Felltyp. Er vereint das buschige Volumen des Zwergspitzes mit

der dichten Struktur des Huskys. Das Ergebnis ist ein flauschiges, fast wolkenartiges Fell mit einem sehr weichen Griff.

Langhaar-Fell (Husky-like):
Einige Pomsky erben das längere, etwas glattere Fell des Huskys – vor allem bei sogenannten F2- oder F3-Generationen. Diese Hunde sehen oft aus wie kleine Wölfe, was sie besonders attraktiv macht.

Kurzhaar-Fell (selten):
Weniger verbreitet, aber möglich. In manchen Würfen treten Pomsky mit kürzerem, glatterem Fell auf, das weniger voluminös ist, aber trotzdem eine dichte Unterwolle besitzt. Diese Variante erinnert stärker an sportlichere Mischlinge.

Ganz gleich, welchen Felltyp ein Pomsky trägt – regelmäßige Pflege ist unerlässlich, da die Unterwolle besonders im Fellwechsel zweimal im Jahr stark haart und verfilzen kann.

Fellfarben – So vielfältig wie ihre Persönlichkeiten

Eines der faszinierendsten Merkmale des Pomsky ist seine atemberaubende Farbvielfalt. Da sowohl Huskys als auch Pomeranian in zahlreichen Farben vorkommen, kann auch der Pomsky eine große Bandbreite an Farbkombinationen zeigen. Vom klassischen Husky-Look bis hin zu seltenen, exotischen Tönen ist alles möglich.

Hier sind die häufigsten Fellfarben und Muster:

Schwarz-Weiß:
Besonders beliebt, da es dem typischen Siberian Husky-Look nahekommt. Oft mit maskenhaften Gesichtszeichnungen.

Grau (Silber) – mit Weiß oder Creme:
Sehr edel und bei vielen Pomsky-Liebhabern begehrt. Die Grautöne reichen von hellem Silbergrau bis hin zu dunklerem Stahlgrau.

Braun / Chocolate / Rot:
Warme Farben, die häufig mit einer cremigen Unterfarbe kombiniert sind. Besonders schön bei Pomsky mit plüschigem Fell.

Beige / Creme / Zobel:
Zarte, helle Farbtöne, die manchmal mit dunklerem „Sattel" oder

Schattierungen auftreten.

Merle (blau oder rot):
Ein faszinierendes Fleckenmuster, das aus der Pomeranian-Linie stammen
kann. Merle-Pomsky sind sehr auffällig, allerdings sollte bei dieser Farb-
gebung besonders auf seriöse Zucht geachtet werden, da der Merle-Faktor
genetische Risiken birgt (z. B. bei Verpaarung zweier Merle-Träger).

Sable:
Hierbei sind die Haarspitzen dunkler eingefärbt, während die Basis heller
bleibt – ein schimmernder Effekt, der je nach Lichteinfall variiert.

Reinweiß:
Elegant und majestätisch – weiße Pomsky wirken fast wie kleine Polarfüchse.
Diese Farbe ist seltener, aber sehr gefragt.

Blau / Lilac / Isabella (sehr selten):
Diese exotischen Farbvarianten entstehen durch rezessive Genkombinationen
und gelten als besonders exklusiv.

Besondere Merkmale – Augen und Maske

Nicht nur das Fell, auch die Augenfarbe verleiht dem Pomsky oft einen besonderen Ausdruck. Wie der Husky kann auch der Pomsky blauäugig, braunäugig
oder sogar unterschiedlich gefärbt (Heterochromie) sein. In Kombination mit
einer kontrastreichen Fellzeichnung ergibt sich ein besonders intensiver Blick,
der viele Menschen sofort in seinen Bann zieht.

Die Gesichtsmaske, die an einen Husky erinnert, ist bei vielen Pomsky ausge-
prägt, aber nicht garantiert. Manche haben nur leichte Abzeichen, andere tragen die vollständige „Maske" mit klar abgegrenzten Farben und Symmetrien.

Pflegehinweise zum Fell

Regelmäßiges Bürsten: Mindestens 2–3 Mal pro Woche, im Fellwechsel (Frühling und Herbst) idealerweise täglich.
Unterwollbürste nutzen: Um abgestorbene Haare gründlich zu entfernen.
Baden nur bei Bedarf: Zu häufiges Waschen zerstört die natürliche Fettschicht
der Haut.

Keine Radikalschnitte: Pomsky sollten nicht komplett geschoren werden – ihr
Fell schützt sie nicht nur vor Kälte, sondern auch vor Hitze.

Augen und Ohren im Blick behalten: Besonders bei sehr flauschigen Pomsky
wichtig, um Entzündungen vorzubeugen.

Fazit: Pomsky-Fell – Schönheit mit Charakter

Das Fell des Pomsky ist Ausdruck seiner einzigartigen Herkunft und macht
ihn zu einer kleinen Augenweide auf vier Pfoten. Es ist nicht nur optisch
beeindruckend, sondern auch funktional – schützt, wärmt und unterstreicht
seine Persönlichkeit. Wer sich für einen Pomsky entscheidet, entscheidet sich
für einen Hund mit Stil, Charisma und einem gewissen Pflegeaufwand – aber
auch für unendlich viele Streicheleinheiten, denn flauschiger geht's kaum.

Ob silbergrauer Mini-Husky oder karamellfarbener Kuschelbär – das Fell des
Pomsky erzählt seine ganz eigene Geschichte.

Hündin und Welpe.

Bis zu ca. 15 Kg Gewicht werden erreicht.

Der Pomsky begeistert viele Menschen mit seinem charmanten Aussehen und seinem lebhaften Wesen.

Doch hinter der niedlichen Erscheinung verbirgt sich ein komplexer Entwicklungsprozess – vom verspielten Welpen bis zum charakterfesten, erwachsenen Hund.

Wer sich für einen Pomsky entscheidet, sollte nicht nur sein Äußeres lieben, sondern auch seine Entwicklung gut verstehen und begleiten wollen.

Größe und Gewicht – Wie groß wird ein Pomsky?

Da der Pomsky eine Hybridrasse ist – eine Kreuzung aus Siberian Husky (mittelgroß) und Pomeranian (klein) – gibt es keine festen Rassestandards.

Die endgültige Größe und das Gewicht eines Pomsky hängen stark davon ab, welche Gene sich durchsetzen.

Dennoch gibt es typische Durchschnittswerte, an denen man sich orientieren kann:

Toy Pomsky   ca. 20–25 cm   4–7 kg
Mini Pomsky   ca. 25–33 cm   7–11 kg
Standard Pomsky   ca. 33–40 cm   11–15 kg

Hinweis:

Größe und Gewicht können auch innerhalb eines Wurfs stark variieren. Selbst erfahrene Züchter können keine exakte Prognose zur Endgröße eines Pomsky-Welpen abgeben – besonders bei F1-Generationen (direkte Nachkommen von Husky und Pomeranian).

Wachstumsphasen – Vom Welpen zum erwachsenen Hund

Wie bei allen Hunden verläuft auch beim Pomsky das Wachstum in mehreren Etappen. Eine achtsame Begleitung in diesen Phasen ist wichtig für eine gesunde körperliche und geistige Entwicklung.

0–3 Monate (Baby-Phase):
Die ersten Lebenswochen sind geprägt von rasantem Wachstum. Die Welpen nehmen schnell zu, erkunden neugierig ihre Umgebung und lernen erste soziale Strukturen kennen.

Bereits hier zeigt sich oft, ob der Welpe eher „huskyartig" oder „spitzartig" geprägt ist – sowohl im Körperbau als auch im Temperament.

3–6 Monate (Kindergartenzeit):
Jetzt wird's spannend! Der Pomsky wird aktiver, kräftiger und beginnt, seinen Platz in der Familie zu finden.

Zähne wechseln, das Fell beginnt sich zu verändern, und der kleine Racker testet gerne seine Grenzen aus.

6–12 Monate (Pubertät):

Willkommen in der Trotzphase! In dieser Zeit wachsen Pomsky weiter, sowohl körperlich als auch charakterlich. Die Hormone machen sich bemerkbar, und der Hund wird zunehmend eigenständiger. Eine konsequente, liebevolle Erziehung ist jetzt besonders wichtig.

12–18 Monate (Jungerwachsenen-Phase):

In diesem Zeitraum ist der Pomsky meist ausgewachsen, sowohl in der Größe als auch im Gewicht. Die geistige Reife folgt jedoch erst etwas später.

2–3 Jahre (emotionale Reife):

Ab etwa dem zweiten Lebensjahr ist der Pomsky „erwachsen" im Sinne von gefestigtem Verhalten und Persönlichkeit. Erst jetzt lässt sich seine wahre Wesensart vollständig einschätzen – ob er eher ruhig, verspielt, neugierig oder sensibel ist.

Lebenserwartung – Wie alt wird ein Pomsky?

Ein gut gepflegter, gesund gehaltener Pomsky kann in der Regel zwischen 12 und 16 Jahre alt werden – teilweise sogar älter. Die Lebenserwartung ist damit höher als beim reinrassigen Husky, aber etwas niedriger als beim Pomeranian, was typisch für mittelgroße Mischlinge ist.

Die wichtigsten Faktoren für ein langes, gesundes Pomsky-Leben sind:
Hochwertige, ausgewogene Ernährung
Regelmäßige Bewegung und mentale Auslastung
Vorsorgeuntersuchungen beim Tierarzt
Zahnpflege und Fellpflege
Stressfreies, liebevolles Umfeld

Besonderheiten in der Entwicklung

Fellveränderung: Viele Pomsky-Welpen verändern ihr Fell deutlich im ersten Jahr – sowohl in Farbe als auch in Struktur.

Bindungsverhalten: Pomsky bauen oft eine besonders enge Beziehung zu ihren Bezugspersonen auf, was sich im Lauf der Jahre noch verstärken kann.

Spätentwickler möglich: Einige Pomsky wirken bis weit ins zweite Jahr hinein noch sehr verspielt und „kindlich" – das ist völlig normal und sollte nicht mit Unreife verwechselt werden.

Fazit: Ein kleiner Hund mit großem Entwicklungspotenzial

Der Pomsky ist eine Rasse im Wandel – körperlich, charakterlich und genetisch. Wer sich für einen Pomsky entscheidet, sollte bereit sein, ihn auf diesem spannenden Weg zu begleiten: vom tapsigen Fellknäuel zum erwachsenen, charakterstarken Partner. Seine Entwicklung ist nicht nur süß anzusehen, sondern auch ein Erlebnis voller Lernmomente – für Hund und Mensch.

Mit Geduld, Liebe und guter Vorbereitung wird aus einem Pomsky-Welpen ein treuer Freund fürs Leben.

Der Pomsky im Einsatz

Pomsky werden durchaus als Begleit- oder Therapiehunde eingesetzt – auch wenn sie nicht zu den klassischen „Diensthund"-Rassen gehören wie Labrador, Golden Retriever oder Border Collie.

Ihre freundliche Art, ihr kompakter Körperbau und ihre hohe Intelligenz machen sie in bestimmten Bereichen besonders geeignet, vor allem im therapeutischen und emotional unterstützenden Kontext.

Hier sind einige Einsatzbereiche, in denen Pomsky mit entsprechender Ausbildung sinnvoll eingesetzt werden können oder bereits zum Einsatz kommen:

Therapiehund (Tiergestützte Therapie)

Pomsky eignen sich gut als Therapiehunde, insbesondere in der Arbeit mit

Kindern, Senioren oder Menschen mit psychischen Erkrankungen.

Ihre Vorteile dabei:

Kleiner bis mittlerer Körperbau: Weniger einschüchternd als größere Hunde, ideal für Einsätze auf engem Raum (z. B. Pflegeheime, Kliniken).

Sanftes Wesen: Viele Pomsky sind sehr menschenbezogen, neugierig und feinfühlig im Umgang mit Stimmungen.

Positive Ausstrahlung: Ihre „Teddybär-Optik" allein kann bei vielen Menschen ein Lächeln hervorrufen – das wirkt entspannend und stimmungsaufhellend.

Wichtig: Nicht jeder Pomsky ist automatisch für diesen Job geeignet. Eine ruhige, souveräne Persönlichkeit, gute Sozialisierung und eine gezielte Ausbildung (z. B. durch eine Therapiehundeschule) sind Voraussetzung.

Besuchshund / Schulhund / Seniorenbegleithund

Pomsky können sehr gute Besuchshunde in Einrichtungen sein – z. B. in Schulen, Pflegeheimen oder Einrichtungen für Menschen mit Behinderung. Ihr freundliches Wesen und ihr Bedürfnis nach Zuwendung machen sie zu idealen Kuschel- und Spielpartnern.

In Schulen helfen sie Kindern beim Stressabbau, fördern Konzentration und soziales Verhalten.
In Seniorenheimen wecken sie Erinnerungen, geben Struktur und sorgen für emotionale Wärme.

Emotional Support Animal (ESA)

Vor allem in den USA, aber auch zunehmend in Europa, werden Pomsky als Emotional Support Animals gehalten – also als Tiere, die Menschen mit Angststörungen, Depressionen oder posttraumatischem Stress unterstützen. Hier stehen nicht Ausbildung oder Kommandos im Vordergrund, sondern die emotionale Bindung und beruhigende Wirkung.

Ein Pomsky als ESA kann:
Sicherheit und Geborgenheit geben
bei Panikattacken beruhigen
das emotionale Gleichgewicht stärken
für Tagesstruktur sorgen

Assistenzhund – nur eingeschränkt

Als klassischer Assistenzhund (z. B. für Blinde oder Rollstuhlfahrer) ist der Pomsky nicht die erste Wahl – hauptsächlich wegen seiner begrenzten Größe und Zugkraft.

Allerdings könnten Mini-Assistenzaufgaben, z. B. das Bringen kleiner Gegenstände oder das Warnen vor bestimmten Zuständen (z. B. bei Diabetikern), je nach individueller Eignung durchaus möglich sein – wenn der Hund die nötige Konzentration und Motivation mitbringt.

Wichtig zu wissen:

Nicht jeder Pomsky eignet sich automatisch für den Einsatz als Therapie- oder Besuchshund.

Kriterien sind unter anderem:
Wesen: Ruhig, gelassen, nicht schreckhaft
Sozialverhalten: Freundlich gegenüber Menschen und ggf. anderen Tieren
Erziehung: Gehorsam, leinenführig, stressresistent
Gesundheit: Keine chronischen Leiden, stabile Kondition
Eine fundierte Ausbildung und Prüfung durch eine anerkannte Organisation
(z. B. Therapiehundevereine, ESA-Trainer, Hundeschulen mit Spezialisierung)
ist unbedingt zu empfehlen.

Fazit: Pomsky – kleine Helfer mit Herz
Auch wenn sie nicht in Uniform auftreten oder schwere Aufgaben übernehmen:
Pomsky können echte Seelentröster, emotionale Stützen und liebevolle Therapeuten auf vier Pfoten sein. Mit der richtigen Förderung und einem passenden Umfeld wachsen sie in soziale Aufgaben hinein – und bringen durch ihre verspielte, liebevolle Art oft mehr Freude, als man ihnen auf den ersten Blick zutraut.

Ein prima Therapiehund.

„Jeder hat einen Schutzengel, wahre Glückspilze haben
einen Hund!"
Autor unbekannt

**Gibt es eigentlich so wirklich berühmte Vertreter
dieser wunderbaren Rasse?**

Ja, es gibt tatsächlich einige berühmte Pomsky, die im Internet große Be-
kanntheit erlangt haben, auch wenn die Rasse insgesamt noch relativ jung
und selten ist. Prominente Pomsky findet man vor allem auf Instagram, Tik-
Tok oder YouTube, wo sie durch ihr markantes Aussehen und ihre charmanten
Persönlichkeiten viele Fans gewonnen haben.
Hier sind ein paar der bekanntesten Vertreter:

Norman the Pomsky
Plattform: Instagram
Follower: über 100.000
Norman ist ein charmanter Pomsky aus den USA mit typisch plüschigem Fell,
eisblauen Augen und einem Grinsen, das Tausende begeistert. Er wurde durch
seine lustigen und ästhetisch aufbereiteten Fotos berühmt und zählt heute zu
den bekanntesten Pomsky weltweit.

Mya the Pomsky
Plattform: Instagram & YouTube
Follower: über 50.000
Mya hat die Herzen des Internets mit ihrem wolfähnlichen Aussehen erobert
– rote Husky-Färbung, fuchsartige Schnauze und durchdringende Augen. Sie
wurde sogar in mehreren viralen Bildartikeln und Memes aufgegriffen, in
denen sie als „echter Wolf im Wohnzimmer" bezeichnet wurde.

Toby the Pomsky
Plattform: TikTok
Bekannt durch: lustige Clips, Tricks & Alltag
Toby ist ein quirliger, super trainierter Pomsky mit einer großen Fangemein-
de. Auf TikTok begeistert er durch seine cleveren Tricks, Reaktionen auf All-
tagssituationen und sein Talent, in lustigen Kurzvideos zu glänzen.

Pomsky Girl Luna
Plattform: YouTube (teilweise auf TikTok)
Luna ist in mehreren YouTube-Videos zu sehen, in denen ihre Besitzer das
Leben mit einem Pomsky dokumentieren – von Welpenzeit über Erziehung bis
zum Alltag.
Sie ist keine „Influencerin" im klassischen Sinn, hat aber unter Pomsky-Fans
Kultstatus, weil sie oft in informativen Beiträgen auftaucht.

Pomsky bei Prominenten?

Obwohl es (noch) keine bestätigten Prominenten gibt, die mit einem Pomsky öffentlich auftreten wie man es etwa von Promis mit französischen Bulldoggen oder Pomeranian kennt, wächst das Interesse an der Rasse stetig – besonders in Influencer-Kreisen. Aufgrund ihrer Fotogenität und Instagram-Tauglichkeit ist es wohl nur eine Frage der Zeit, bis ein bekannter Star sich mit einem Pomsky zeigt.

Warum sind Pomsky so beliebt im Netz?

Aussehen: Husky-Optik im Kuschel-Format – das zieht sofort Aufmerksamkeit an.

Ausdrucksstarke Augen: Ob eisblau, bernsteinfarben oder Heterochromie – der Blick bleibt hängen.

Fell-Charme: Flauschfaktor extrem hoch, besonders bei Plüschtyp-Pomsky.

Persönlichkeit: Verspielt, clever, fotogen – ideal für TikTok & Co.

Größe: Perfekt für Fotoshootings, Reisen und Alltagssituationen mit Kamera.

Fazit: Die Stars unter den Pomsky

Auch wenn der Pomsky (noch) nicht in Film oder Fernsehen vertreten ist, hat er längst das Internet erobert. In sozialen Medien hat sich rund um die Rasse eine kleine, aber leidenschaftliche Community gebildet. Die Kombination aus Ästhetik, Witz und Persönlichkeit macht den Pomsky zu einem echten Social-Media-Star – und wer weiß, vielleicht ist der erste echte Hollywood-Pomsky ja schon unterwegs zum Casting.

Ursprung und Entwicklung der Rasse

Vom Internet-Trend zur weltweit beliebten Hybridrasse

Der Pomsky – eine charmante Mischung aus Siberian Husky und Pomeranian (Zwergspitz) – ist eine vergleichsweise junge Hunderasse, deren Entstehung eng mit den sozialen Medien, dem Wunsch nach „Miniaturversionen" beliebter Hunde und der zunehmenden Beliebtheit sogenannter Designer Dogs verbunden ist.

Obwohl es ihn erst seit gut einem Jahrzehnt gibt, hat sich der Pomsky weltweit zu einer der begehrtesten Hybridhunderassen entwickelt.

Die Idee hinter dem Pomsky
Die Kombination klingt zunächst ungewöhnlich: ein mittelgroßer, kräftiger Arbeitshund wie der Husky – bekannt für seine Ausdauer und

Unabhängigkeit – wird mit einem kleinen, verspielten und äußerst menschen-bezogenen Zwergspitz gekreuzt.

Doch genau diese Gegensätze machen den Reiz des Pomsky aus:

Ziel war es, den Look und die wilde Schönheit des Huskys mit der handlichen Größe, Verspieltheit und dem Kuschelfaktor des Pomeranian zu kombinieren.

Die ursprüngliche Idee war, einen Husky im Miniaturformat zu erschaffen – einen kleinen Begleithund mit Husky-Ausstrahlung, aber spitztypischer Freundlichkeit und Alltagstauglichkeit.

Die Anfänge – USA als Geburtsland
Die ersten gezielten Pomsky-Züchtungen fanden etwa um das Jahr 2011 in den USA statt.

Damals kursierten im Internet Fotos von vermeintlichen „Mini-Huskys", die sofort für Begeisterung sorgten. Diese Bilder waren teils Fotomontagen oder zeigten junge Welpen anderer Rassen, aber das Interesse war geweckt.

Bald darauf begannen engagierte Züchter damit, gezielte Verpaarungen zwi-schen reinrassigen Siberian Huskys und Pomeranian vorzunehmen – mit dem Ziel, eine neue, eigenständige Hybridlinie zu etablieren.

Da der Größenunterschied der beiden Elterntiere biologisch herausfordernd ist, wurde bei der Zucht meist ein weiblicher Husky mit einem männlichen Pomeranian per künstlicher Besamung verpaart – eine Methode, die sich bis heute in vielen Zuchtprogrammen durchgesetzt hat, um Mutter und Welpen zu schützen.

Weiterentwicklung: F1, F2 und Beyond
In den ersten Jahren wurde meist die sogenannte F1-Generation gezüchtet – also Welpen, die direkt aus einem Husky und einem Pomeranian hervorgegan-gen sind.

Diese F1-Pomsky zeigten eine große Vielfalt in Aussehen, Größe und Charak-ter, da sie genetisch zu je 50 % von beiden Rassen abstammen.

Mit wachsendem Interesse begannen viele Züchter, weiter zu arbeiten:

F2-Generation: Kreuzung von zwei Pomsky

F1B-Generation: Rückkreuzung eines Pomsky mit einem der Ursprungsrassen (z. B. Pomeranian oder Husky), um bestimmte Merkmale zu verstärken

F3+: Weitere Festigung der Hybridlinie mit dem Ziel, langfristig ein konsistenteres Erscheinungsbild zu erreichen

Diese Weiterentwicklungen zeigen: Auch wenn der Pomsky (noch) keine offiziell anerkannte Rasse ist, entwickelt er sich zunehmend in Richtung einer eigenständigen Hunderasse – mit immer klarerem Typ und gezielter Selektion.

Ist der Pomsky eine anerkannte Rasse?

Der Pomsky ist aktuell (Stand 2025) noch keine offiziell anerkannte Hunderasse bei internationalen kynologischen Organisationen wie dem FCI, AKC oder VDH.
Er gilt offiziell als Hybrid oder „Designerhund", was bedeutet, dass er aus zwei reinrassigen Elternteilen hervorgeht, aber (noch) keinem festen Rassestandard unterliegt.

Es gibt jedoch erste Versuche von Zuchtverbänden, z. B. dem Pomsky Club of America (PCA) oder dem International Pomsky Association (IPA), langfristig einen Standard zu entwickeln – mit dem Ziel, den Pomsky irgendwann als eigene Rasse anerkennen zu lassen. Diese Arbeit steckt noch in den Kinderschuhen, zeigt aber, wie ernst die Community die Weiterentwicklung nimmt.

Der Pomsky heute – international beliebt

Innerhalb kurzer Zeit hat sich der Pomsky von den USA aus über Europa und andere Teile der Welt verbreitet.

In Ländern wie Deutschland, Großbritannien, Kanada und Australien erfreut er sich wachsender Beliebtheit – vor allem bei Menschen, die:

den Look des Huskys lieben,
aber einen kompakteren, familienfreundlichen Hund suchen,
der sich auch in einer Wohnung oder einem städtischen Umfeld wohlfühlt.

Mit dem Internet als Schaufenster verbreitete sich der Hype rasant – auf Instagram, TikTok & Co. sind Pomsky längst kleine Stars.

Aber auch seriöse Züchternetzwerke, Online-Foren und Pomsky-Communities haben dazu beigetragen, dass sich Wissen über Haltung, Pflege und Zuchtqualität verbreitet.

Fazit: Eine junge Rasse mit großer Zukunft

Der Pomsky mag zwar eine junge Erscheinung in der Hundewelt sein – doch er hat in kurzer Zeit viele Herzen erobert.

Seine Entwicklung ist ein faszinierendes Beispiel dafür, wie sich moderne Zucht, Social Media und der Wunsch nach alltagstauglichen Familienhunden verbinden können.

Auch wenn er (noch) keine offizielle Rasse ist, hat der Pomsky bereits jetzt eine treue Fangemeinde, engagierte Züchter und eine klare Richtung: ein fröhlicher, flauschiger, intelligenter Begleithund mit Charakter, Stil und Herz.

Die Geschichte des Pomsky ist noch lange nicht zu Ende geschrieben – sie hat gerade erst begonnen.

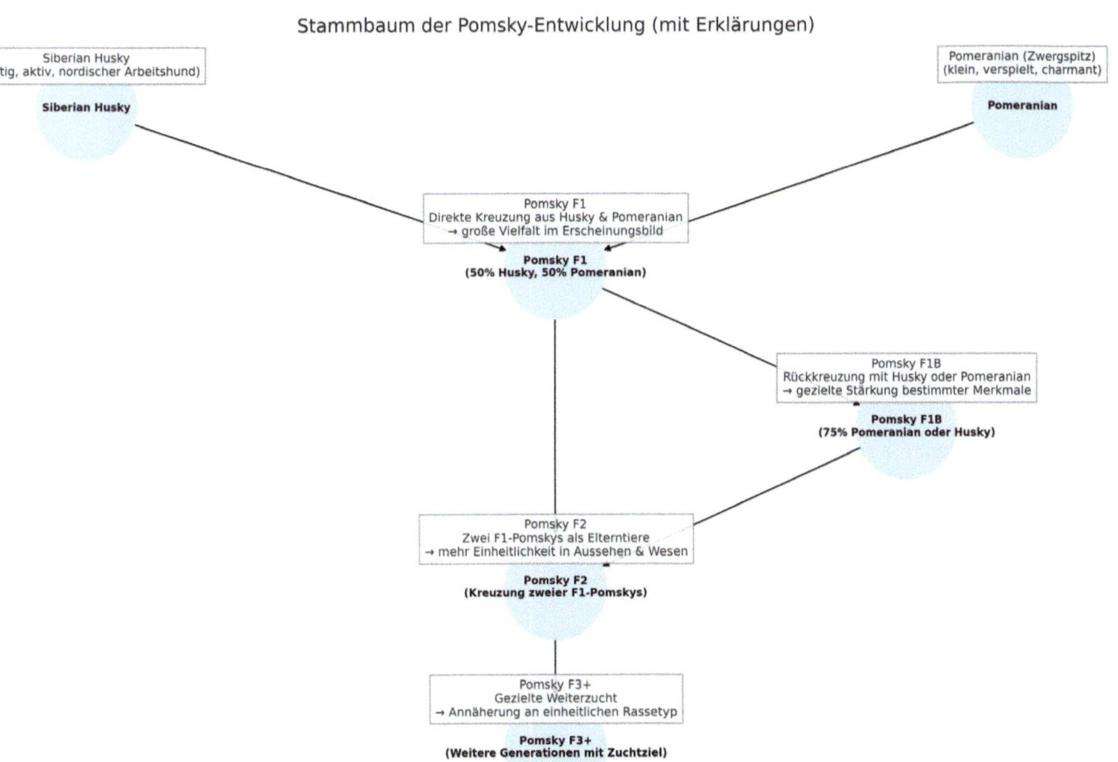

Die Hybridrassen.

Hybridhunderassen, oft als Designer-Hunde bezeichnet, entstehen durch die gezielte Kreuzung zweier verschiedener Hunderassen.

Ziel dieser Kreuzungen ist es, die besten Eigenschaften beider Elternrassen zu kombinieren und dabei oft gesundheitliche Vorteile durch die genetische Vielfalt zu erzielen.

Cockapoo (Cocker Spaniel und Pudel)

Erläuterung: Der Cockapoo ist bekannt für sein freundliches und intelligentes Wesen. Durch die Pudel-Gene hat er ein meist hypoallergenes Fell, das wenig haart, was ihn zu einer guten Wahl für Allergiker macht. Cockapoo sind zudem sehr anpassungsfähig und eignen sich hervorragend als Familienhunde.

Labradoodle (Labrador Retriever und Pudel)

Erläuterung: Der Labradoodle wurde ursprünglich als hypoallergener Blindenhund gezüchtet. Diese Rasse vereint die Freundlichkeit und das Trainingstalent des Labradors mit dem hypoallergenen Fell des Pudels. Labradoodles sind sehr soziale und energiegeladene Hunde, die sich gut für aktive Familien eignen.

Goldendoodle (Golden Retriever und Pudel)

Erläuterung: Der Goldendoodle ist eine Kreuzung, die die freundliche Natur des Golden Retrievers mit der Intelligenz und den hypoallergenen Eigenschaften des Pudels kombiniert. Goldendoodles sind verspielte, liebevolle und intelligente Hunde, die sich gut für Familien und als Therapiehunde eignen.

Puggle (Beagle und Mops)

Erläuterung: Der Puggle kombiniert das freundliche und lebhafte Wesen des Beagles mit der charmanten und menschenbezogenen Natur des Mopses. Diese Hunde sind bekannt für ihre Energie und ihren Spieltrieb, was sie zu großartigen Begleitern für aktive Familien macht.

Schnoodle (Schnauzer und Pudel)

Erläuterung: Der Schnoodle vereint die Wachsamkeit und das schützende Wesen des Schnauzers mit der Intelligenz und den hypoallergenen Eigenschaften des Pudels. Schnoodles sind vielseitige Hunde, die sowohl als Wachhunde als auch als liebevolle Familienmitglieder geschätzt werden.

Pomsky (Pomeranian und Siberian Husky)

Erläuterung: Der Pomsky ist eine entzückende Kreuzung, die die verspielte und anhängliche Natur des Pomeranian mit der Energie und dem auffälligen Aussehen des Siberian Huskys kombiniert. Pomskies sind bekannt für ihr charmantes Aussehen und ihre lebhafte Persönlichkeit.

Maltipoo (Malteser und Pudel)

Erläuterung: Der Maltipoo ist ein kleiner, freundlicher Hund, der die hypoallergenen Eigenschaften des Pudels mit der sanften und liebevollen Natur des Maltesers kombiniert. Maltipoos sind ideale Begleithunde, die sich gut für das Leben in Wohnungen eignen.

Vorteile von Hybridhunderassen

Hybridhunde profitieren oft von der sogenannten Hybridkraft oder Heterosis-Effekt, die zu einer robusteren Gesundheit und einer geringeren Anfälligkeit für genetische Krankheiten führen kann.

Durch die Kombination der besten Eigenschaften beider Elternrassen entstehen Hunde, die oft besonders intelligent, freundlich und anpassungsfähig sind.

Fazit
Hybridhunderassen bieten eine spannende Vielfalt an Eigenschaften und Persönlichkeiten, die viele Hundeliebhaber ansprechen.

Ob als hypoallergener Begleiter, aktiver Familienhund oder charmanter Haustier, Hybridhunde kombinieren die besten Eigenschaften ihrer Elternrassen und bieten einzigartige Vorteile.

Der Goldendoodle.

„Hunde sind nicht unser ganzes Leben, aber sie machen unser Leben ganz." - Roger Caras

Der Pomsky zieht ein.

Na also, endlich ist es so weit! Ihr ausgesuchter Welpe hat jetzt das richtige Alter und Sie können ihn beim Züchter abholen. Was für ein Hammer-Tag!

Oder vielleicht haben Sie sich ja auch für einen älteren Hund entschieden, der einen ganz anderen Background hat. Egal, wie es aussieht - heute steht Ihre Welt auf dem Kopf.

Aber bevor Ihr neuer pelziger Kumpel bei Ihnen einzieht, gibt es ein paar Dinge, die Sie im Kopf behalten und ein paar Vorbereitungen, die Sie treffen sollten.

Woher bekommen Sie Ihren Hund?
Das ist wirklich eine der ersten Fragen, die Sie sich stellen sollten, wenn Sie darüber nachdenken, einen Hund zu holen.

Grundsätzlich haben Sie drei Wege, um an einen typgerechten Welpen zu
kommen:

*   Kommerzielle Händler
*   Verantwortungsbewusste Züchter
*   Tierheim

Eins vorweg: Lassen Sie die Finger von kommerziellen Händlern. Die behandeln die Tiere nur wie Ware und scheren sich überhaupt nicht darum, was
nach dem Kauf mit den Hunden oder den neuen Besitzern passiert. Sozialisierung und Prägung? Fehlanzeige. Probleme später? Garantiert. Außerdem
würden Sie mit einem solchen Kauf dieses teilweise wirklich miese Geschäft
unterstützen. Was zuerst wie ein Schnäppchen aussieht, kann schnell zu einer
Kostenfalle werden, wenn die Tierarztrechnungen kommen.

Erfahrene Hundehalter können natürlich einem Vierbeiner aus dem Tierheim
eine Chance geben. Aber bedenken Sie, diese Tiere sind oft schon geprägt
und man weiß nicht immer, unter welchen Bedingungen sie vorher gelebt
haben. Schnappen Sie sich nicht voreilig einen dieser armen Kerle - wenn Sie
nicht mit ihm zurechtkommen, landet er oft wieder im Tierheim und der Hund
ist der Leidtragende. 2nd-Hand-Hunde sind eher etwas für Leute, die viel
Zeit, Geduld und Erfahrung mit Hunden haben.

Ihre beste Chance, einen gesunden und typischen Welpen zu bekommen,
haben Sie definitiv bei einem seriösen Züchter. Klar, ein gut sozialisierter und
liebevoll geprägter Hund ist dort nicht zum Ramschpreis zu haben - aber Sie
bekommen wahrscheinlich einen rassetypischen Hund, an dem Sie viele Jahre
lang Spaß haben werden.

Welcher Welpe soll es sein?

Schon bei der Auswahl des Welpen können die ersten Fehler passieren - oft
geht es ja nur darum, wer von der Bande gerade der „Niedlichste" ist. Aber
das ist genauso daneben, als würden Sie sich ein Auto nur nach der Farbe
aussuchen. Wenn Sie nur ein paar Kilometer durch die Stadt zum Einkaufen
fahren, brauchen Sie ein anderes Auto als wenn Sie jeden Tag bei Wind und
Wetter von Hamburg nach München düsen würden - da spielt die Farbe wirklich die kleinste Rolle.

Genauso ist es bei Ihrem Welpen. Nicht der süßeste Welpe ist der richtige,
sondern der, der am besten zu Ihnen passt. Haben Sie die Erfahrung und die

Ruhe, um einem ängstlichen kleinen Kerl ins Leben zu helfen oder sollte es
ein total aufgeschlossener Welpe sein? Mögen Sie eher einen ruhigen Hund
oder einen, der immer Action will?

Sie sehen schon, es geht nicht ums Aussehen, sondern um den Charakter
Ihres neuen Familienmitglieds, mit dem Sie ja locker 10-15 Jahre zusammen
sein werden.

Jetzt verstehen Sie bestimmt auch, warum der Züchter Ihnen so viele, teilweise wirklich private Fragen stellt - er will herausfinden, wie Sie „ticken",
um Ihnen dann den Hund zu zeigen, der am ehesten Ihren Wünschen und
Anforderungen entspricht. Vertrauen Sie ihm - er kennt seine Hunde in- und
auswendig und hat meistens auch ein gutes Gespür für Menschen. Der Züchter wird alles tun, um sicherzustellen, dass es seinem Welpen gut geht und er
den passendsten Besitzer bekommt.

Gesunder Stammbaum

Achten Sie darauf, dass Ihr junger Hund aus einer soliden Zucht stammt und
seine Eltern gesund, rassetypisch und charakterstark sind. Ein guter Züchter
kann Ihnen jederzeit die Mutterhündin zeigen, denn sie lebt ja bei ihm. Und
er wird Ihnen eine Ahnentafel zeigen, die genau aufzeigt, woher der kleine
Hund kommt, ausgestellt vom Rassezuchtverein. Dazu sollte er die nötigen
Impfungen nachweisen können, denn bei der Übergabe an Sie sollte der
Welpe mindestens gegen Staupe, ansteckende Hepatitis, Leptospirose und
Parvovirose geimpft und entwurmt sein.
Wenn Sie irgendwelche Zweifel haben, fragen Sie einfach beim zuständi-
gen Rassezuchtverein nach. Die sind immer froh, wenn sie gegen unseriöse
Hundevermehrer und -händler vorgehen können. Alle, die die Rasse wirklich
lieben und sich um ihre Erhaltung kümmern, sind dabei auf Ihrer Seite.

Rüde oder Hündin?

„Rüden schließen sich nur dem Mann in der Familie an und sind schwieriger
zu erziehen, Hündinnen sind anhänglicher." Vergessen Sie solche Pauschal-
urteile, jeder Hund ist anders. Letztlich hängt die Wahl des Geschlechts
wahrscheinlich von Ihren eigenen Vorlieben und praktischen Überlegungen
ab. Wenn Sie später selbst züchten wollen, brauchen Sie natürlich eine Hündin. Ansonsten sollten Sie sich die Unterschiede zwischen den Geschlechtern
klar machen. Eine Hündin wird zweimal im Jahr läufig und verändert sich
dann auch im Verhalten; unbeaufsichtigt kann sie auch schwanger werden.
Während der Läufigkeit kann sie ein paar Tropfen Blut verlieren. Ein Rüde

dagegen wird auf läufige Hündinnen reagieren, manchmal so stark, dass er
tagelang jaulend an der Tür kratzt. Mein Tipp: Schauen Sie sich schon vor
dem Hundekauf an, ob in Ihrer Nachbarschaft mehr Hündinnen oder Rüden
sind - wenn Sie sich der Mehrheit anschließen, wird das Zusammenleben entspannter. Wenn Sie schon einen Hund haben und sich einen weiteren dazuho-
len wollen, passen Sie auf, dass Sie nicht zwei Rüden zusammenhalten - das
kann oft zu ordentlich Zoff führen. Aber auch unter Hündinnen kann es Streit
geben, am geringsten ist das Risiko, wenn Sie einen Rüden und eine Hündin
haben. Aber passen Sie auf, dass Ihr Mädel nicht ungewollt schwanger wird.

Wie alt sollte der Welpe sein?

So verlockend es auch sein mag - Sie sollten Ihren Welpen nicht vor der 9.
oder 10. Lebenswoche abholen. Ein verantwortungsbewusster Züchter wird
Ihnen den Hund auch nicht früher geben, und er kann es auch gar nicht, weil
der kleine Hund frühestens in der 8. Woche geimpft und gechipt wird.

Kosten für den Hund

Bevor Sie sich einen Hund zulegen, sollten Sie zumindest grob die Kosten
für ein solches Tier überschlagen. Es muss sichergestellt sein, dass Sie diese
nicht nur jetzt, sondern über die gesamte Lebensdauer des Hundes tragen
können - immerhin kann Ihr Hund Sie gut und gerne 10 oder mehr Jahre begleiten, und eine Trennung aus finanziellen Gründen sollte unbedingt vermie-
den werden.
Die folgenden Punkte zeigen auf, was auf jeden Fall auf Sie zukommt. Mehr-
kosten für zusätzliches Spielzeug, Leckereien, Hundehütte, Autoausstattung
usw. hängen davon ab, was Sie alles für Ihr Tier anschaffen wollen.

Anschaffung
Im Vergleich zum gesamten Hundeleben sind die Kosten für die Anschaffung
Ihres Vierbeiners die geringsten, also versuchen Sie nicht hier zu sparen. Der
vermeintlich günstige Welpe vom Hundevermehrer verursacht oft später hohe
Tierarztkosten.
Bei einem Züchter zahlen Sie für Ihren reinrassigen Welpen rund 1.000,- bis
2.000,- €, holen Sie einen Hund aus dem Tierheim, können Sie mit 100,- bis
400,- € rechnen.

Grundausstattung
Für Körbchen, Decke, Leine und Co. sollten Sie zu Beginn etwa 150,- € einplanen, für Ersatz und Neuanschaffungen dürften etwa 100,- € pro Jahr ausreichen.

Ernährung
Die Kosten hierfür richten sich natürlich nach der Qualität des Futters, das
Sie Ihrem Vierbeiner anbieten möchten. Sie sollten hier täglich rund 2,- bis
4,- € einplanen, also im Jahr etwa 1.000,- €.

Hundesteuer
Je nach Wohnort liegt die Steuer für Ihren Hund zwischen 20,- und 250,- €
pro Jahr.

Versicherung
Für eine solide Haftpflichtversicherung können Sie rund 40,- € pro Jahr rechnen.
Ob Sie eine Krankenversicherung abschließen, sollten Sie sorgfältig überlegen
- die Kosten sind mit etwa 60,- € pro Monat ziemlich hoch und der Nutzen
lässt sich kaum vorhersagen.

Tierarzt
Mindestens einmal im Jahr sollten Sie einen allgemeinen Check Ihres Hundes
vornehmen lassen, hinzu kommen die regelmäßigen Impfungen und Entwur-
mungen. Natürlich kann Ihr Hund auch mal krank werden, was zu sehr unterschiedlichen Kosten führen kann. Ich denke, mit rund 300,- € pro Jahr haben
Sie eine gute Kalkulationsgrundlage.

Hundesteuer

Die Hundesteuer ist quasi die Miete, die Sie für Ihren pelzigen Mitbewohner
an Ihre Stadt oder Gemeinde zahlen. Sie hilft, die ganzen Sachen zu bezahlen,
die mit Hunden zu tun haben, wie z.B. die Beseitigung von Hinterlassenschaf-
ten oder die Einrichtung von Hundespielplätzen. Auch soll sie dazu beitragen,
dass wir nicht von Hunden überrannt werden und nur diejenigen sich einen
Hund anschaffen, die sich wirklich darum kümmern können.

Wer bestimmt, wie viel Sie zahlen müssen? Das sind die örtlichen Behörden,
meist die Gemeinden oder Städte. Deswegen kann es sein, dass Sie in der
einen Stadt weniger zahlen als in der anderen. Also, immer Augen auf bei der
Wahl des Wohnortes!
Wenn Sie sich einen Hund zulegen oder mit Ihrem Hund umziehen, müssen
Sie das bei der örtlichen Behörde anmelden. Dafür gibt es ein Formular, das
Sie ausfüllen und abgeben müssen - meist geht das online oder im Rathaus.

Wie viel Sie genau zahlen, hängt von Ihrer Gemeinde ab. Meistens liegt die
jährliche Steuer für den ersten Hund zwischen 50 und 200 Euro. Haben Sie

mehr als einen Hund, wird es mitunter teurer.

Aber es gibt auch Ausnahmen: Manche Hunde, wie Blindenführhunde oder
Hunde von Behörden, können eine Ermäßigung oder sogar Befreiung von der
Hundesteuer bekommen. Auch Hunde aus dem Tierheim können manchmal
günstiger sein. Aber auch das ist von Ort zu Ort unterschiedlich.

Manche Gemeinden haben auch spezielle Regeln für bestimmte Hunderassen,
die als „Kampfhunde" oder „Listenhunde" gelten. Für diese Hunde kann die
Steuer höher sein, um sicherzustellen, dass nur verantwortungsbewusste Halter sich solche Hunde anschaffen.

Nach der Anmeldung und Zahlung der Hundesteuer erhalten Sie oft eine
Steuermarke, die Sie an das Halsband Ihres Hundes hängen müssen. So kann
jeder sehen, dass Sie Ihre Steuern bezahlt haben.

Wenn Sie umziehen oder Ihr Hund stirbt oder verkauft wird, müssen Sie Ihren
Hund abmelden. Dann ist die Steuerpflicht vorbei.

Die Hundesteuer in Deutschland ist also eine ziemlich komplexe Sache, die
von Ort zu Ort unterschiedlich ist. Deshalb sollten Sie sich immer gut informieren, um keine bösen Überraschungen zu erleben. Bei Fragen können Sie
sich immer an Ihre Gemeinde- oder Stadtverwaltung wenden.
Wichtig ist, dass Sie die Hundesteuer immer pünktlich zahlen und alle notwendigen An- und Abmeldungen vornehmen. So vermeiden Sie Ärger und
Strafen. Die Einnahmen aus der Hundesteuer werden u. a. auch -aber keines-
falls nur- für Dinge verwendet, die mit Hunden zu tun haben, wie zum Beispiel die Bereitstellung von Hundetoiletten oder Hundespielplätzen.

Haftpflichtversicherung für den Hund:

Jetzt, wo Sie alles über die Hundesteuer wissen, lassen Sie uns zur Hundehaftpflichtversicherung übergehen. Denn wer will schon auf den Kosten
sitzen bleiben, wenn Bello mal die teure Vase der Nachbarin zerlegt, oder?

Die Hundehaftpflichtversicherung ist in manchen Bundesländern sogar
Pflicht. Es ist also gut, sich darüber zu informieren, bevor Sie Ihren Hund bei
sich aufnehmen. Sie deckt die Kosten, falls Ihr Hund mal etwas kaputt macht
oder jemanden verletzt. Und glauben Sie mir, das kann schneller passieren,
als Sie denken. Ein kleiner Ausflug in den Park kann schon mal teuer werden,
wenn Ihr Hund plötzlich auf die Idee kommt, einem Radfahrer hinterherzu-
jagen.

Die Versicherungssumme ist quasi der maximale Betrag, den die Versicherung
im Schadensfall zahlt. Hier gilt: Je höher, desto besser. Denn Sie wissen nie,
was passieren kann. Es ist immer besser, auf Nummer sicher zu gehen.

Die Kosten für die Haftpflichtversicherung variieren je nach Anbieter und
Tarif. Aber im Durchschnitt können Sie mit etwa 50 bis 100 Euro im Jahr
rechnen. Manchmal gibt es auch Rabatte, wenn Sie mehr als einen Hund haben oder einen bestimmten Beruf ausüben. Es lohnt sich also, sich genau zu
informieren und die verschiedenen Angebote zu vergleichen.

Auch hier gilt: Immer schön alles anmelden und auf dem Laufenden halten.
Wenn Ihr Hund z.B. einen neuen Besitzer bekommt oder stirbt, müssen Sie
das der Versicherung melden. Und natürlich müssen Sie auch Ihre Beiträge
pünktlich zahlen, damit der Versicherungsschutz nicht erlischt.
Zusammengefasst: Die Hundehaftpflichtversicherung ist ein wichtiger Schutz
für Sie und Ihren Hund. Sie hilft, unerwartete Kosten zu decken und sorgt dafür, dass Sie und Ihr Hund sorglos durchs Leben gehen können. Also, checken
Sie das mal ab, bevor Sie Ihren neuen besten Freund nach Hause bringen!

Hundekrankenversicherung:

Nachdem wir die Haftpflichtversicherung abgehakt haben, ist es an der Zeit,
über die Hundekrankenversicherung zu sprechen. So wie Sie eine Krankenversicherung haben, kann auch Ihr Hund eine haben. Klingt doch gut, oder?

Eine Hundekrankenversicherung deckt die Kosten für tierärztliche Behandlungen ab. Dabei kann es sich um regelmäßige Check-ups, Impfungen, Wurmku-
ren und Flohbehandlungen handeln. Aber auch die Kosten für größere Eingrif-
fe, wie Operationen, können abgedeckt werden.

Ob Sie eine Krankenversicherung für Ihren Hund abschließen, hängt von verschiedenen Faktoren ab. Zum Beispiel von der Rasse Ihres Hundes, seinem
Alter und seiner Gesundheit. Manche Rassen neigen zu bestimmten Gesundheitsproblemen und können daher teurer in der Versicherung sein. Auch ältere Hunde oder Hunde mit Vorerkrankungen können höhere Beiträge haben.

Die Kosten für eine Hundekrankenversicherung variieren stark, aber Sie
können mit etwa 20 bis 60 Euro pro Monat rechnen. Wieder gilt: Es lohnt
sich, die Angebote zu vergleichen und das Kleingedruckte zu lesen. Manche
Versicherungen haben eine Selbstbeteiligung oder decken bestimmte Behandlungen nicht ab.

Auch wenn es eine zusätzliche Ausgabe ist, kann eine Hundekrankenversicherung Ihnen viel Stress und Sorgen ersparen. Stellen Sie sich vor, Ihr Hund muss operiert werden und Sie müssen sich keine Gedanken über die Kosten machen. Das ist doch beruhigend, oder?

Zusammenfassend lässt sich sagen, dass es viele Dinge zu bedenken gibt, wenn Sie einen Hund aufnehmen. Aber mit der richtigen Planung und Vorbereitung können Sie und Ihr neuer vierbeiniger Freund ein sorgloses und glückliches Leben führen. Also, nehmen Sie sich die Zeit und informieren Sie sich gut. Ihr Hund wird es Ihnen danken!

Willkommen im neuen Zuhause, kleiner Welpe

Jetzt wird es spannend! Ihr neuer kleiner Mitbewohner kommt ins Haus und das ist für ihn eine ganz schöne Umstellung. Es ist eine ziemlich verrückte und verwirrende Zeit, daher müssen Sie einfühlsam sein und möglichst viel Zeit mit ihm verbringen. Am besten holen Sie ihn morgens beim Züchter ab, dann hat er den ganzen Tag Zeit, sich zu akklimatisieren, zu futtern, zu spielen und müde zu werden.

Das Zuhause erkunden

Sobald Ihr Welpe zu Hause ankommt, lassen Sie ihn seine neue Umgebung beschnuppern und erkunden. Zeigen Sie ihm dann sein neues Schlafgemach. Ihre Wohnung ist für ihn wie ein riesiger Freizeitpark voller neuer Eindrücke, Geräusche und Gerüche. Total spannend, aber auch ein bisschen beängstigend. Er vermisst seine Mama und seine Geschwister. Von Ihnen erwartet er, dass Sie ihm die Gesellschaft, Nähe und Sicherheit geben, die er zurückgelassen hat.

Vielleicht gibt Ihnen der Züchter eine Decke mit, die nach der Mama und den Geschwistern riecht. Das kann ihm helfen, sein Heimweh zu lindern. Nachdem er ein wenig gespielt hat, wird er sich wahrscheinlich auf seinen Schlafplatz zurückziehen und ein Nickerchen machen. Lassen Sie ihn schlafen, denn Schlaf ist für Welpen genauso wichtig wie für Babys.

Die erste Nacht ohne Mama

In den ersten Nächten könnte Ihr Welpe ein bisschen jammern und unruhig sein, wenn Sie ihn allein lassen. Ein kleiner Trick kann hier helfen: Wickeln Sie eine Wärmflasche und einen tickenden Wecker in eine Decke und legen Sie sie in sein Bett. So fühlt er sich, als wäre ein warmes, lebendiges Wesen bei ihm.

Hat er schon einen Namen?

Geben Sie Ihrem Welpen so schnell wie möglich einen Namen. Züchter geben ihren Hunden oft sehr komplizierte Namen, die eher die Abstammung zeigen und nicht wirklich praktisch sind. Wählen Sie also einen Namen, der Ihnen gefällt, und verwenden Sie ihn immer wieder. Sie werden sehen, er wird schnell darauf reagieren.

Kinder und andere Tiere

Wenn Sie Kinder haben, erklären Sie ihnen, dass Welpen keine Spielzeuge sind. Vernachlässigen Sie auch nicht Ihre anderen Haustiere, sonst könnten sie eifersüchtig auf den neuen Mitbewohner werden. Lassen Sie sie sich langsam und unter Aufsicht kennenlernen. Lassen Sie einen jungen Welpen nie allein mit einer älteren Katze oder einem älteren Hund.

Schlafplatz

Schaffen Sie einen gemütlichen Schlafplatz für Ihren Welpen, vielleicht in der Küche oder im Wohnzimmer, wo er vor Zugluft geschützt ist. Welpen kauen gerne auf allem herum, also stellen Sie sicher, dass Sie nur unbedenkliche Materialien verwenden. Ein offener Karton mit einer waschbaren Decke ist zunächst völlig ausreichend.

Sauberkeit ist das A und O

Achten Sie darauf, dass der Napf Ihres Welpen stabil und standfest ist. Am besten sind Näpfe, die entweder schwer genug sind (wie Keramiknäpfe), oder durch Gummifüße nicht auf dem Boden rutschen können. Für unsere langohrigen Freunde gibt es spezielle Schüsseln mit hohem Rand, damit die Ohren beim Fressen nicht im Napf landen. Wichtig: Reinigen Sie den Napf nach jeder Mahlzeit, denn Sauberkeit ist das A und O.

Die ersten Tage und Wochen mit Ihrem Welpen werden für beide eine Lernzeit sein. Bauen Sie eine feste Routine auf, einschließlich Fütterungszeiten, Toilettenpausen, Spiel- und Schlafenszeiten. Diese Konstanz gibt Ihrem Welpen Sicherheit und hilft ihm, sich schnell an sein neues Zuhause zu gewöhnen.

Vergessen Sie nicht, dass Welpen sehr viel Schlaf benötigen, also lassen Sie ihn viel ruhen und stellen Sie sicher, dass er einen ruhigen, sicheren Ort zum Schlafen hat. Es ist auch eine gute Idee, ihm so schnell wie möglich das Halsband und die Leine vorzustellen. Beginnen Sie langsam und halten Sie die

Trainingseinheiten kurz und positiv.

Das Training mit Ihrem Welpen kann viel Geduld erfordern, aber es lohnt sich definitiv. Denken Sie daran, ihn immer zu belohnen, wenn er etwas richtig macht, anstatt ihn zu bestrafen, wenn er einen Fehler macht. Lob und positive Verstärkung sind der Schlüssel zu einem erfolgreichen Training und einer starken Bindung zwischen Ihnen und Ihrem Welpen.

Zusammenfassend lässt sich sagen, dass es viele Dinge zu bedenken gibt, wenn Sie einen Welpen aufnehmen. Aber mit der richtigen Vorbereitung und Planung können Sie und Ihr neuer vierbeiniger Freund ein sorgloses und glückliches Leben führen. Also, nehmen Sie sich die Zeit und informieren Sie sich gut. Ihr Welpe wird es Ihnen danken!

Spielzeugschrank auffüllen

Wenn Sie das erste Mal in einen Tierfachhandel gehen, werden Sie vermutlich erstaunt sein, wie viel Spielzeug es für Vierbeiner gibt. Es ist fast wie bei Kindern! Aber seien Sie vorsichtig: Nicht jedes bunte Quietschteil ist für Ihren Welpen geeignet. Es sollte stabil genug sein, damit er keine Teile davon abbeißen und verschlucken kann. Es sollte auch groß genug sein, damit er es nicht verschlucken kann.
Gedrehte Stoffseile sind eine gute Wahl, da sie für langanhaltenden Spielspaß sorgen und ungefährlich sind, falls doch mal Fasern verschluckt werden. Große, stabile Gummibälle, die größer sind als das Maul Ihres Welpen, sind auch eine gute Idee.
Keine Schimpftiraden!

Es ist wichtig, dass Sie immer liebevoll, vorsichtig und geduldig mit Ihrem Welpen umgehen. Sollte er mal etwas kaputt machen oder eine Pfütze auf dem Teppich hinterlassen, schimpfen oder schreien Sie ihn nicht an. Das könnte ihn verängstigen und verwirren.

Versuchen Sie stattdessen, eine fröhliche und entspannte Atmosphäre zu schaffen, in der Sie und Ihr Welpe sich kennenlernen können. So wird er Ihnen schnell sein Vertrauen schenken und Sie legen den Grundstein für ein glückliches Zusammenleben.

Die Starterpackung

Ob Sie auf einem Bauernhof leben oder Ihr Hund in eine Stadtwohnung zieht, es gibt ein paar Basics, die Sie auf jeden Fall brauchen. Organisieren Sie diese

Sachen, bevor Ihr Hund eintrifft, und platzieren Sie sie gleich an ihrem zukünftigen Platz.

- Futter- und Wassernapf: Wählen Sie stabile Modelle, am besten aus Keramik.
- Schlafplatz: Vermeiden Sie Weidengeflecht, da es beim Knabbern Verletzungen verursachen kann.
- Hundedecke: Sie sollte weich und waschbar sein.
- Hundemarke: Mit Ihren Kontaktinformationen und denen des Tierarztes.
- Halsband und Leine: Ein Halsband mit Sicherheitsverschluss und eine 2-Meter-Leine aus Leder oder Nylon sind ideal.
- Pflegeprodukte: Bürsten, Kämme und Hundeshampoo.
- Transportbox: Wählen Sie eine, die auch für Flugreisen zugelassen ist, falls Sie mit Ihrem Hund reisen möchten.
- Futter: Sorgen Sie für eine vollwertige, ausgewogene Ernährung.
- Leckereien: Ideal für Trainingseinheiten.
- Hundespielzeug: Denn Spielen ist wichtig!

Mit diesen Dingen sind Sie gut ausgerüstet und können entspannt in Ihr neues Leben mit Hund starten. Alles Weitere wird sich mit der Zeit ergeben und abhängig vom Temperament Ihres neuen vierbeinigen Freundes sein.

Die erste Spritztour

Ihr Welpe wird beim Autofahren seekrank? Keine Sorge, das wird sich im 9. oder 10. Lebensmonat deutlich bessern. Theoretisch liegt das daran, dass das rasante Wachstum eines Welpen in seinen ersten Lebensmonaten auch sein Innenohr betrifft und ihn somit anfälliger für Bewegungs- und Reisekrankheit macht.

Mit dem Ende des Welpenwachstums nimmt also auch die Reisekrankheit ab. Wenn also Autofahrten momentan einfach zu traumatisch für den kleinen Vierbeiner sind, können Sie ihn in naher Zukunft langsam wieder daran gewöhnen.

Beginnen Sie mit kurzen Strecken. Aber bevor Sie die Fahrt starten, beachten Sie bitte folgende Tipps, um sicherzustellen, dass es für Sie und Ihren jungen Vierbeiner eine sichere und angenehme Autofahrt wird.

Sicherheit geht vor

Für Reisen im Auto sind Welpen oder ausgewachsene Hunde am sichersten in einer zugelassenen Transportbox oder Sicherheitsdecke untergebracht, die quer zur Fahrtrichtung im Auto befestigt wird. Ein Vorteil von Transportboxen ist, dass Ihr Welpe auch bei einem Unfall noch gesichert ist. Falls Sie verletzt sind oder das Auto schwer beschädigt ist, kann das Rettungsteam immer noch leicht zu Ihrem Welpen gelangen.

Revierverteidigung

Im jugendlichen Alter neigen Hunde oft dazu, Passanten oder andere Hunde aus dem Auto heraus anzubellen. Wenn Ihr Welpe in einer Transportbox untergebracht ist, kann es helfen, diese mit einem Handtuch abzudecken. So bekommt Ihr kleiner Racker den vermeintlichen Störenfried gar nicht erst zu sehen.

Auf's Kommando warten

Ganz wichtig: Der Welpe muss warten, bis Sie das Kommando zum Aussteigen geben. So wird verhindert, dass er unbeaufsichtigt auf die Straße läuft. Wie bei jedem Welpentraining ist es auch hier wichtig, Ihren Kleinen zu belohnen, wenn er etwas gut gemacht hat.

Wenn Sie Ihrem Welpen beigebracht haben, dass Autofahren eine tolle Sache ist und meistens positiv endet, dann sollte eine solche Fahrt für Sie beide zu einem sicheren und freudigen Erlebnis werden.

Welpenspieltage

Frühkindliche Erziehung

Für Menschen heißt es „Was der Bauer nicht kennt, frisst er nicht" und das gilt auch für Hunde. Bereits der Welpe sollte mit seiner Umgebung vertraut gemacht und erzogen werden, um als ausgewachsener Hund keine Probleme zu bereiten. Die Zeit zwischen der 3. und der 16. Lebenswoche ist besonders wichtig, denn während dieser Phase ist Ihr Welpe in seiner Prägephase. Er ist jetzt besonders empfänglich; was er in dieser Zeit lernt, prägt sein zukünftiges Verhalten maßgeblich.

Was wird in der Welpenschule gelehrt?

Während des Spiels mit gleichaltrigen Hunden trainieren die Welpen ihr Sozialverhalten und die Kommunikation untereinander. Gleichzeitig lernen sie verschiedene Menschen, wie den Trainer und andere Welpenbesitzer, kennen. In den meisten Welpenschulen stehen zudem die angstfreie Annäherung an andere Menschen, das Nicht-Anspringen und das Nicht-Jagen anderer Tiere auf dem Programm. Da sie viele Umwelteindrücke sammeln, sind sie als ausgewachsene Hunde in unbekannten Situationen gelassener.
Da der Trainer dieses Spielen erklärt, erhält auch der Besitzer wichtige Informationen, z.B. über das Sozialverhalten und die Kommunikation von Hunden. Sollte ein Gerangel einmal zu weit gehen, kann der erfahrene Trainer die Situation richtig einschätzen und gegebenenfalls eingreifen. Darüber hinaus haben die meisten Welpenbesitzer zahlreiche Fragen an den Trainer und sind dankbar für Tipps zu alltäglichen Problemen, wie z. B. der Sauberkeitserziehung.

In kurzen Einheiten werden die Welpen spielerisch mit Kommandos vertraut gemacht. Das realistische Ziel ist, dass die Welpen am Ende der Welpenschule folgende Kommandos kennen: Sitz, Platz, Hier/Komm, Aus/Nein.

Wann beginnt die Schule?

Nachdem der Welpe vom Züchter abgeholt wurde, sollte er zunächst etwa eine Woche Zeit haben, um sich an sein neues Zuhause und seine neue Familie zu gewöhnen. Der Welpe muss die für sein Alter notwendigen Impfungen erhalten haben und es ist ratsam, bereits eine Haftpflichtversicherung für Tierhalter abgeschlossen zu haben.

Woran erkennt man eine gute Welpenschule?

Idealerweise betreut ein Trainer nicht mehr als fünf bis sechs Welpen. Die jungen Hunde sollten alle etwa gleich alt bzw. gleich stark sein. Der Trainer muss die Fähigkeiten des einzelnen Welpen berücksichtigen und die Interaktionen in der Gruppe steuern. Es gibt Hundeschulen, die ihre Welpenstunden in einem eingezäunten Bereich oder sogar einer Halle abhalten. Alternativ gibt es mobile Hundeschulen, die ihre Kurse im Freien durchführen.
Unabhängig davon sollte die Ausstattung jede Menge bewegliche oder geräuschvolle Objekte umfassen, wie z.B. Tunnel, Wippen, Flatterbänder, Planen usw. Zum Programm einer Welpenschule gehört in der Regel ein Ausflug in die Stadt, wo der junge Hund mit Fahrrädern, Skateboards und ähnlichem vertraut gemacht wird.

Der Besuch einer Welpenschule mit Ihrem Welpen ist eine lohnenswerte Erfahrung! Es ist eine erstklassige Gelegenheit, Ihrem jungen Hund wichtige Fertigkeiten beizubringen und ihn auf das Leben in der „großen weiten Welt" vorzubereiten. Es bietet ihm auch die Möglichkeit, mit anderen Hunden zu interagieren und soziale Fähigkeiten zu entwickeln, die ihm im weiteren Leben zugutekommen werden. Daher ist es eine wertvolle Investition in die Zukunft Ihres Hundes und Ihre zukünftige Beziehung zu ihm.

Formen Sie Ihr Hündchen fürs Leben

Haben Sie gewusst, dass Hunde ab einem Alter von drei Wochen in eine Phase eintreten, die wir „Prägungsphase" nennen? In dieser spannenden Zeit verlassen die kleinen Fellknäuel ihr Nest und entdecken voller Neugier ihre Umwelt. Die Erfahrungen, die sie in dieser Phase mit ihrer Mama und ihren Geschwisterchen machen, prägen ihr zukünftiges Verhalten gegenüber anderen Hunden enorm. Und nicht nur das - je häufiger sie in dieser Zeit auf Menschen treffen, desto besser werden sie später mit uns Zweibeinern zurechtkommen.

Alles, was Ihrem Vierbeiner aus dieser frühen Phase seines Lebens bekannt ist, wird ihm später kaum Probleme bereiten.

Das betrifft nicht nur den sozialen Umgang, sondern auch alltägliche Geräusche, wie das Brummen eines Autos, das Surren eines Rasenmähers oder das Summen eines Föhns. Wenn ein Hund in dieser Phase nur wenig Reizen ausgesetzt war, kann er später oft nervös oder sogar aggressiv auf seine Umwelt reagieren.

Etwas, was Ihr Hund in der Prägungsphase an sozialem Lernen verpasst hat, lässt sich später kaum aufholen.

Das sollten Sie unbedingt im Hinterkopf behalten, wenn Sie sich auf die Suche nach Ihrem zukünftigen vierbeinigen Begleiter machen - oder genauer gesagt, wenn Sie den Züchter auswählen. Denn in der Regel zieht Ihr Welpe erst mit acht Wochen oder später bei Ihnen ein.

Achten Sie also darauf, dass Ihr zukünftiger Fellfreund einen guten Start ins Leben hatte. Er sollte auf keinen Fall alleine in einem Zwinger aufgewachsen sein, sondern am besten in einem Haus mit Garten.

Und er sollte schon beim Züchter viele Kontakte gehabt haben - sowohl zu anderen Hunden als auch zu Menschen. Nur so kann er sich zu einem gut sozialisierten und selbstbewussten Hund entwickeln.

Welpenschule.

„Je mehr ich von Menschen sehe, desto mehr liebe ich meinen Hund." - Diogenes

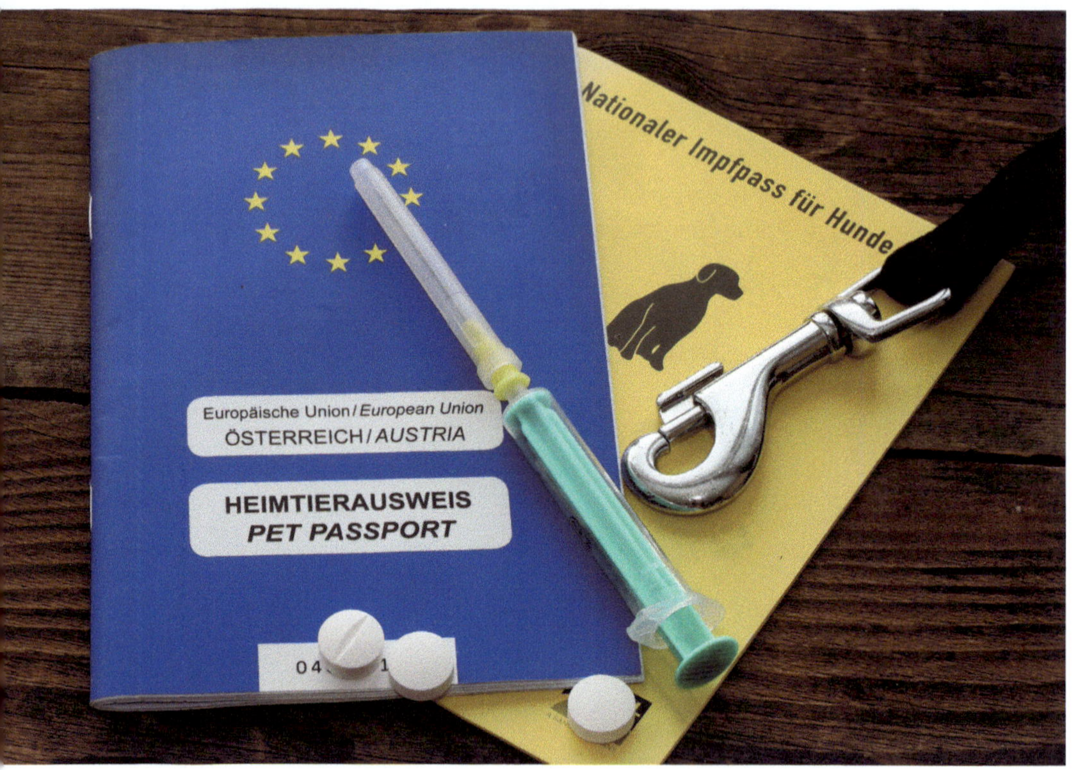

Blau oder gelb – welcher ist sinnvoll?

Haben Sie sich auch schon einmal gefragt, was es mit dem blauen und gelben Ausweis für Haustiere auf sich hat? Der Unterschied zwischen beiden Ausweisen ist recht einfach zu erklären. Der gelbe Impfausweis fungiert als nationaler Standard und dokumentiert die Impfungen Ihres Haustieres. Dieser Ausweis wird üblicherweise vom Tierarzt oder gelegentlich auch vom Züchter ausgestellt. Er ist ausreichend, wenn Sie sich nur innerhalb Deutschlands bewegen und keine Reisen ins Ausland planen.

Sobald Sie jedoch mit Ihrem tierischen Begleiter die Landesgrenzen innerhalb der Europäischen Union überschreiten möchten, wird es Zeit für den blauen Heimtierausweis. Dieser Ausweis wurde durch eine EU-Verordnung eingeführt, um eine gewisse Ordnung in die verschiedenen Bestimmungen der EU-Länder zu bringen.

Der blaue Heimtierausweis ist für Hunde, Katzen und Frettchen verpflichtend und dient dazu, die Verbreitung von Tierseuchen wie beispielsweise Tollwut einzudämmen. Reptilien, Nager und Kaninchen sind glücklicherweise von dieser Pflicht ausgenommen, da sie keine Tollwutgefahr darstellen.

Wenn Sie also mit Ihrem Vierbeiner ins Ausland reisen möchten, sei es innerhalb der EU oder sogar weltweit, benötigen Sie den blauen Heimtierausweis. Das Besondere daran ist, dass er ein einheitliches Muster aufweist und jedem Tier eine eindeutige Nummer zugewiesen wird, ähnlich wie bei einer Personalausweisnummer. Dies erleichtert die Identifizierung Ihres Haustieres und ermöglicht es im Notfall, schnell den Besitzer festzustellen.

Es ist jedoch wichtig zu beachten, dass nicht jeder den Heimtierausweis ausstellen darf. Dies ist ausschließlich dem Tierarzt oder einer anderen autorisierten Stelle gestattet. Damit Ihr Tier den Ausweis erhält, muss es mit einem Mikrochip gekennzeichnet sein. Dadurch ist sichergestellt, dass es eindeutig identifiziert werden kann. Es gibt standardisierte Mikrochips, die von den gängigen Lesegeräten gelesen werden können. Sollte der Chip nicht den erforderlichen Standards entsprechen, müssen Sie als Tierhalter ein geeignetes Lesegerät bereitstellen.

Ein kleiner Haken besteht allerdings: Die Ausstellung des Heimtierausweises ist mit Kosten verbunden, die Sie als Tierhalter tragen müssen. Dies liegt daran, dass der Ausweis bestimmten Standards entsprechen muss und nur von qualifizierten Stellen ausgestellt werden darf. Seien Sie also darauf vorbereitet, dass bei der Beantragung des Ausweises Gebühren anfallen.

Es ist völlig klar, dass der Heimtierausweis nicht nur eine lästige Formalität ist. Er ist von großer Bedeutung, um sicherzustellen, dass Ihr tierischer Begleiter reibungslos in andere Länder reisen kann. Seien Sie also gut vorbereitet, besorgen Sie sich den blauen Heimtierausweis und starten Sie gemeinsam mit Ihrem tierischen Freund in neue Abenteuer!

Erziehung und Ausbildung Ihres Hundes

Hundeerziehung: Ein erster Leitfaden

Einen Hund zu erziehen ist eine herausfordernde, aber lohnende Aufgabe. Ob Sie einen Welpen oder einen erwachsenen Hund haben, die Erziehung spielt eine entscheidende Rolle für das Wohlbefinden des Hundes und die Qualität Ihrer Beziehung zu ihm. Im Folgenden finden Sie einen ausführlichen Leitfaden zur Hundeerziehung.

1. Verständnis der Hundeerziehung

Hundeerziehung ist ein Prozess, bei dem ein Hund lernt, bestimmte Verhaltensweisen auszuführen oder zu vermeiden, in der Regel durch den Einsatz von Befehlen, Belohnungen und Korrekturen. Die Erziehung kann auf verschiedene Aspekte des Verhaltens eines Hundes abzielen, einschließlich

Gehorsam, Sozialverhalten und spezielle Fähigkeiten.

2. Frühe Sozialisierung

Die Sozialisierung eines Hundes in jungen Jahren ist ein entscheidender Teil seiner Erziehung. Sozialisierung bedeutet, den Hund in verschiedenen Situationen und Umgebungen mit unterschiedlichen Menschen, Tieren und Geräuschen zu konfrontieren, um ihn an diese zu gewöhnen und sicherzustellen, dass er in der Zukunft nicht ängstlich oder aggressiv reagiert.

3. Grundlegendes Gehorsamstraining

Das Gehorsamstraining lehrt einen Hund, auf bestimmte Befehle zu reagieren, wie „Sitz", „Platz", „Hier" oder „Aus". Dies kann durch positive Verstärkung erreicht werden, bei der der Hund sofort nach dem Ausführen des gewünschten Verhaltens belohnt wird.

4. Erweitertes Training

Für Hunde, die bereits die Grundlagen des Gehorsams beherrschen, kann ein erweitertes Training sinnvoll sein. Dies kann spezialisierte Fähigkeiten umfassen, wie Apportieren, Spurensuche, Agilität oder spezifische Aufgaben für Arbeitshunde.

5. Problemverhalten

Einige Hunde können problematische Verhaltensweisen entwickeln, wie Aggression, Ängstlichkeit oder Zerstörungswut. In solchen Fällen kann eine spezielle Verhaltenstherapie notwendig sein. Es ist wichtig, professionelle Hilfe in Anspruch zu nehmen, wenn das Problemverhalten des Hundes die Lebensqualität des Hundes oder seine Sicherheit beeinträchtigt.

6. Kontinuierliches Lernen

Hundeerziehung ist kein einmaliger Prozess, sondern erfordert kontinuierliche Anstrengungen. Auch nachdem ein Hund die Grundlagen gelernt hat, ist es wichtig, das Training fortzusetzen, um seine Fähigkeiten zu festigen und zu erweitern.

7. Positive Verstärkung

Positive Verstärkung ist eine der effektivsten Methoden in der Hundeerziehung. Sie fördert das gewünschte Verhalten, indem sie es belohnt, anstatt unerwünschtes Verhalten zu bestrafen. Belohnungen können Leckerlis, Spielzeug, Lob oder körperlicher Kontakt sein.

8. Geduld und Konsequenz

Geduld und Konsequenz sind Schlüsselaspekte der Hundeerziehung. Es ist wichtig zu verstehen, dass das Erlernen neuer Verhaltensweisen Zeit braucht und dass Hunde Fehler machen können. Bleiben Sie geduldig und geben Sie klare, konsistente Anweisungen, um Ihren Hund zu leiten.

9. Die Rolle der Bindung

Die Beziehung, die Sie mit Ihrem Hund haben, spielt eine entscheidende Rolle bei seiner Erziehung. Ein Hund, der eine starke, positive Beziehung zu seinem Besitzer hat, wird wahrscheinlich eher bereit sein, zu lernen und zu gehorchen. Verbringen Sie viel Zeit mit Ihrem Hund, spielen Sie mit ihm und stellen Sie sicher, dass er seine Grundbedürfnisse erfüllt bekommt, einschließlich Futter, Wasser, Bewegung und soziale Interaktion.

10. Umgang mit Fehlverhalten

Wenn Ihr Hund ein unerwünschtes Verhalten zeigt, ist es wichtig zu wissen, wie man darauf reagiert. Negative Verstärkung oder Bestrafung kann oft kontraproduktiv sein und Angst oder Aggression beim Hund hervorrufen. Stattdessen sollten Sie unerwünschtes Verhalten ignorieren oder umleiten und gewünschtes Verhalten belohnen.

11. Professionelle Hilfe

Manchmal können Hundeerziehungsprobleme überwältigend sein und professionelle Hilfe kann erforderlich sein. Hundetrainer und Tierverhaltensberater können wertvolle Unterstützung und Anleitung bieten.

12. Fortlaufendes Training

Hundeerziehung sollte nicht aufhören, sobald Ihr Hund die Grundbefehle gelernt hat. Fortlaufendes Training hilft, die geistige Stimulation Ihres Hundes zu fördern und kann dazu beitragen, problematische Verhaltensweisen zu verhindern. Sie können weiterhin neue Befehle und Tricks einführen, je nach den Fähigkeiten und dem Interesse Ihres Hundes.

Grundtraining für Welpen: Früh übt sich!

Welpentraining ist ein entscheidender Schritt in der Entwicklung eines Hundes. Es legt das Fundament für zukünftige Verhaltensmuster, fördert die Bindung zwischen Hund und Halter und hilft dem Welpen, sich in seiner neuen Umgebung sicher und wohl zu fühlen. Hier sind einige wichtige Aspekte, auf die man sich bei einem Grundtraining für Welpen konzentrieren sollte.

1. Frühzeitige Sozialisierung

Die Sozialisierung ist einer der wichtigsten Aspekte des Welpentrainings. Junge Welpen sind sehr empfänglich für neue Erfahrungen, was diese Phase ideal für die Sozialisierung macht. Lassen Sie Ihren Welpen verschiedene Menschen, Umgebungen, Geräusche und andere Tiere kennenlernen. Dies kann dazu beitragen, dass Ihr Welpe zu einem selbstbewussten und gut angepassten erwachsenen Hund heranwächst.

2. Stubenreinheit

Eines der ersten Dinge, die ein Welpe lernen sollte, ist, seine Geschäfte draußen zu erledigen. Dies kann Geduld erfordern, da Welpen noch nicht die volle Kontrolle über ihre Blase und ihren Darm haben. Führen Sie den Welpen regelmäßig nach draußen, besonders nach dem Essen, Trinken, Spielen oder Schlafen, und loben Sie ihn, wenn er seine Geschäfte draußen erledigt.

3. Beißen hemmen

Welpen neigen dazu, beim Spielen zu beißen, da sie ihre Umgebung mit dem Maul erkunden. Es ist wichtig, dem Welpen beizubringen, dass es nicht akzeptabel ist, Menschen zu beißen. Wenn der Welpe beißt, sollten Sie das Spiel unterbrechen und ihm ein Spielzeug oder einen Kausnack anbieten, um seine Aufmerksamkeit umzulenken.

4. Grundbefehle

Welpen können schon in jungen Jahren einfache Befehle lernen, wie „Sitz", „Platz", „Hier" und „Aus". Beginnen Sie mit kurzen Trainingseinheiten und verwenden Sie positive Verstärkung, wie Leckerlis oder Lob, um den Welpen zu belohnen, wenn er den Befehl richtig ausführt.

5. Leinenführigkeit

Das Training an der Leine ist ein weiterer wichtiger Aspekt des Welpentrainings. Welpen sollten lernen, an einer lockeren Leine neben dem Halter zu gehen, ohne zu ziehen oder zu springen. Beginnen Sie mit kurzen Spaziergängen und üben Sie in einer ruhigen Umgebung, bevor Sie den Welpen in belebtere Gebiete führen.

6. Alleinsein

Es ist wichtig, dass Welpen lernen, alleine zu sein, um Trennungsangst zu vermeiden. Beginnen Sie mit kurzen Zeiträumen und erhöhen Sie diese allmählich, während der Welpe älter wird. Stellen Sie sicher, dass der Welpe sich in seinem Ruhebereich wohl fühlt und dass er genügend Spielzeug zur Beschäftigung hat, wenn er alleine ist.

7. Ruhe und Entspannung

Es ist genauso wichtig, Ihrem Welpen beizubringen, sich zu entspannen und zu ruhen, wie es ist, ihm Befehle beizubringen. Junge Hunde haben eine Menge Energie, aber sie brauchen auch viel Schlaf, um sich gesund zu entwickeln. Ein gutes Training sollte immer auch Pausen und Ruhezeiten beinhalten. Fördern Sie ruhiges Verhalten, indem Sie einen sicheren und komfortablen Schlafplatz für Ihren Welpen bereitstellen und diese ruhigen Zeiten nicht stören.

8. Positive Verstärkung

Positive Verstärkung ist eine Schlüsselstrategie im Welpentraining. Jedes Mal, wenn Ihr Welpe ein gewünschtes Verhalten zeigt, sollten Sie ihn sofort belohnen. Das kann durch freundliche Worte, Streicheleinheiten, Spiel oder Leckerlis geschehen. Dies verstärkt das Verhalten und motiviert den Welpen, es in Zukunft zu wiederholen.

9. Konsequenz

Welpen lernen am besten durch Konsequenz und Wiederholung. Wenn Sie ein Kommando oder eine Regel einführen, sollten Sie dabei bleiben und es regelmäßig üben. Stellen Sie sicher, dass alle Familienmitglieder die gleichen Befehle und Regeln befolgen, um Verwirrung zu vermeiden.

10. Geduld

Erinnern Sie sich daran, dass Welpen noch lernen und Fehler machen werden. Es ist wichtig, geduldig zu sein und realistische Erwartungen zu haben. Wut oder Frustration wird dem Training nicht helfen und kann den Welpen ängstigen.

11. Soziale Interaktion

Welpen sollten die Möglichkeit haben, regelmäßig mit anderen Hunden zu interagieren. Dies hilft ihnen, soziale Fähigkeiten zu entwickeln und die Körpersprache anderer Hunde zu verstehen. Überlegen Sie sich, Ihren Welpen in eine Welpenspielgruppe zu bringen oder organisierte „Spiel-Dates" mit anderen Hunden zu arrangieren.

Fazit

Die Erziehung eines Welpen ist eine verantwortungsvolle und manchmal herausfordernde Aufgabe, die Geduld, Engagement und Liebe erfordert. Mit den richtigen Techniken und einem positiven Ansatz kann das Training jedoch eine lohnende Erfahrung sein, die den Grundstein für das zukünftige Verhalten Ihres Hundes legt. Vergessen Sie nicht, dass das Ziel eines guten Trainings ist, einen gesunden, glücklichen und gut angepassten Hund großzuziehen, der ein geliebtes Mitglied Ihrer Familie ist.

7 verbreitete Irrtümer in der Welpenerziehung

1. So viele Wiederholungen wie möglich

Es ist ein weit verbreiteter Irrtum, dass unendliche Wiederholungen das Lernen beschleunigen. Während Wiederholungen tatsächlich wichtig sind, um Ihrem Welpen neue Befehle beizubringen, ist Qualität wichtiger als Quantität. Übermäßige Wiederholungen können zu Überlastung und Langeweile führen. Es ist besser, mehrere kurze Trainingseinheiten während des Tages zu verteilen, anstatt eine lange Sitzung durchzuführen.

2. Der Hund ist wie der Mensch

Hunde sind keine Menschen und sie denken auch nicht wie Menschen. Hunde haben ihre eigene Art zu lernen und zu kommunizieren, die stark von der des Menschen abweicht. Hunde leben im Hier und Jetzt und haben kein abstraktes Denken wie Menschen.

3. Hunde haben ein schlechtes Gewissen

Hunde zeigen tatsächlich Verhaltensweisen, die Menschen als „schuldig"
interpretieren können, aber dies ist in der Regel eine Reaktion auf den Ton
und das Verhalten des Besitzers, nicht auf das Verständnis der Folgen ihres
Verhaltens. Sie erkennen, dass Sie wütend sind, aber sie verstehen nicht unbedingt, warum.

4. Der Hund versteht genau, was ich sage

Während Hunde lernen können, auf bestimmte Wörter oder Befehle zu reagieren, verstehen sie die menschliche Sprache nicht auf die gleiche Weise, wie
wir es tun. Oft reagieren sie mehr auf unseren Ton, unsere Körpersprache und
unsere Stimmung als auf die tatsächlichen Wörter, die wir sagen.

5. Konsequenz ist unwichtig

Das genaue Gegenteil ist der Fall. Konsequenz ist extrem wichtig in der Hundeerziehung. Hunde lernen durch Wiederholung und Verstärkung. Wenn Sie
inkonsequent sind, kann Ihr Welpe verwirrt werden und es ist schwieriger für
ihn, zu lernen, was Sie von ihm erwarten.

6. Gassi gehen reicht

Gassi gehen ist eine wichtige Aktivität, aber es reicht nicht aus, um alle Bedürfnisse Ihres Welpen zu erfüllen. Welpen brauchen auch geistige Anregung,
Training, Sozialisierung und Spielzeit. Es ist wichtig, ein Gleichgewicht zwischen körperlicher Aktivität und geistiger Anregung zu finden.

7. Härte muss sein

Härte oder Strafen sind nicht nur unnötig, sondern können auch kontraproduktiv und schädlich sein. Gewalt oder Bestrafung können zu Angst, Un-
sicherheit und sogar Aggression führen. Positive Verstärkung ist eine viel
effektivere und freundlichere Methode, um Ihrem Welpen beizubringen, was
Sie von ihm erwarten.

Völlig veraltete Erziehungsmethoden, die Sie unbedingt vermeiden müssen:

1. Dem Hund zeigen, wer der Boss ist

Dieser Ansatz basiert auf der Theorie, dass Hunde in einer strengen Hierarchie leben und der Mensch der „Alpha" oder „Rudelführer" sein muss. Diese Theorie wurde jedoch inzwischen stark in Frage gestellt. Hunde sind keine Wölfe und selbst bei Wölfen ist die Hierarchie komplexer und dynamischer, als man früher dachte. Es ist wichtiger, eine positive, respektvolle Beziehung zu Ihrem Hund aufzubauen, basierend auf gegenseitigem Vertrauen und Verständnis, anstatt Dominanz zu zeigen.

2. Stachelhalsbänder sind verboten

Stachelhalsbänder, die dem Hund Schmerzen zufügen, wenn er an der Leine
zieht, wurden lange Zeit als wirksame Methode zur Korrektur unerwünschten
Verhaltens angesehen. Inzwischen sind sie in vielen Ländern verboten und
von Tierärzten und Hundeexperten weltweit abgelehnt. Sie können physischen
Schaden und emotionale Traumata verursachen und sind nicht effektiv bei der
Behebung der zugrunde liegenden Ursachen für problematisches Verhalten.

3. Den Hund auf den Rücken drehen

Dies wird manchmal als „Alpha-Roll" bezeichnet und wurde als Methode zur
Demonstration der Dominanz gegenüber dem Hund propagiert. Diese Praxis
ist jedoch gefährlich und kann zu Angst und Aggression bei Hunden führen.
Es kann auch die Vertrauensbeziehung zwischen Mensch und Hund zerstören.

4. Hundenase in Kot oder Urin drücken

Früher glaubte man, dass das Drücken der Nase des Hundes in seinen Kot
oder Urin eine effektive Methode ist, um ihn stubenrein zu machen. Heute
wissen wir, dass dies nicht nur unwirksam, sondern auch grausam und verwirrend für den Hund ist. Stattdessen sollte positive Verstärkung verwendet
werden, um dem Hund beizubringen, wo er seine Geschäfte erledigen soll.

5. Den Hund am Nackenfell schütteln

Einige Leute glauben, dass das Schütteln eines Hundes am Nackenfell eine
natürliche Korrekturmethode ist, da es Hündinnen mit ihren Welpen tun. Aber
es ist nicht nur gefährlich (es kann Verletzungen am Hals und der Wirbelsäu-
le verursachen), es ist auch sehr einschüchternd für den Hund und kann zu
Angst und Misstrauen führen.

6. Schnauzengriff beim Hund

Der Schnauzengriff, bei dem die Schnauze des Hundes fest geschlossen wird,
ist eine weitere veraltete Methode, die oft als Bestrafung oder zur Korrektur
unerwünschten Verhaltens verwendet wurde. Wie andere veraltete Methoden
kann auch der Schnauzengriff Angst und Aggression hervorrufen und das
Vertrauen zwischen Mensch und Hund schädigen. Es gibt viel effektivere und
humanere Methoden zur Korrektur unerwünschten Verhaltens, wie positive
Verstärkung und professionelles Verhaltenstraining.

Die schlimmsten Fehler in der Hundeerziehung

Eine solide Erziehung Ihres Hundes ist unerlässlich. Es ist jedoch wichtig zu verstehen, dass wenn Ihr Vierbeiner nicht immer gehorcht, dies nicht zwangsläufig auf schlechtes Benehmen hindeutet. Oftmals versteht der Hund schlichtweg nicht, was Sie von ihm verlangen. Deshalb sollten Hundebesitzer die folgenden häufigen Fehler in der Hundeerziehung unbedingt vermeiden:

1. Ein Befehl sollte genügen

Ihr Hund leidet nicht unter Gehörproblemen. Wenn er das Kommando versteht, reicht ein einziger Aufruf aus. Jeder zusätzliche Aufruf ist überflüssig und schwächt Ihre Glaubwürdigkeit. Wenn Sie ständig „Hier!" rufen, ist es unwahrscheinlich, dass er kommen wird. Durch ständiges Rufen zeigen Sie ihm nur, wo Sie sind und dass Sie auf ihn warten (oder ihm sogar folgen?). Bleiben Sie konsequent und vor allem bestimmt. Ihr Hund wird das bemerken.

2. Körpersprache ist der Schlüssel

Die Körpersprache des Menschen spielt eine zentrale Rolle bei der Erziehung eines Hundes. Ihr Hund interpretiert Ihre Mimik sowie die Betonung Ihrer Worte. Wenn Ihre Haltung und Gestik nicht stimmig sind, haben Sie schon verloren. Ein Hundehalter, der vor Wut zittert und „Komm her" befiehlt, wird wahrscheinlich eine Weile auf seinen Hund warten müssen.

3. Schlamperei in der Hundeerziehung ist ein No-Go

Konsequenz ist das oberste Gebot in der Hundeerziehung. Einmal aufgestellte Regeln müssen eingehalten werden. Sobald Sie nachlässig werden, geben Sie Ihrem Hund freie Hand. Was er einmal gelernt hat, kann er genauso schnell wieder vergessen.

4. Lob erfordert gutes Timing

Die Hundeerziehung basiert vor allem auf Belohnungen. Ein Hund möchte Anerkennung für das, was er getan hat. Diese sollte aber unmittelbar auf das richtige Verhalten des Hundes folgen. Wenn Sie zu lange brauchen, um ein Leckerli aus Ihrer Tasche zu holen, kann die Belohnung negative Auswirkungen haben.

Wenn Sie Ihrem Hund in der Hektik ein Leckerli geben, während er winselt, verknüpft er negatives Verhalten mit einer Belohnung und wird es wahrscheinlich immer wieder versuchen. Übermäßiges Belohnen kann dazu führen, dass der Hund nur noch auf Kommando reagiert, wenn eine Belohnung in Aussicht steht.

5. Sozialisierung des Hundes

Ein Mangel an Sozialisierung in jungen Jahren kann später zu Konflikten mit anderen Hunden führen. Es ist sehr wichtig für die Entwicklung eines Hundes, dass er bereits als Welpe Kontakt mit anderen Hunden hat, beispielsweise in einer Hundeschule. Dort können sie lernen, sich durchzusetzen oder unterzuordnen, was für die Lernphase extrem wichtig ist. Auch der ausgiebige Kontakt zwischen Hund und Mensch ist sehr wichtig. Wenn Hunde zu viel alleine sind und nicht genügend körperlich und geistig gefordert werden, kann das negative Auswirkungen auf die Gesundheit des Hundes haben.

6. Unzureichende Gewöhnung an das Alleinsein

Es wird unvermeidlich Zeiten geben, in denen Sie Ihren Hund alleine lassen müssen. Wenn er jedoch nicht bereits als Welpe gelernt hat, alleine zu bleiben, wird er als ausgewachsener Hund jammern, sobald er alleine ist. Beginnen Sie frühzeitig damit, Ihren Hund daran zu gewöhnen und starten Sie mit kurzen Intervallen von 10 Minuten, die Sie dann schrittweise verlängern.

Zusammenfassend lässt sich sagen, dass eine effektive Hundeerziehung auf klaren Regeln und konsistentem Handeln basiert. Die meisten Fehler passieren wahrscheinlich ohne Ihr Wissen. Solange Sie jedoch diese Disziplin beibehalten, sollten Sie in der Lage sein, in relativ kurzer Zeit einen gut erzogenen Hund an Ihrer Seite zu haben.

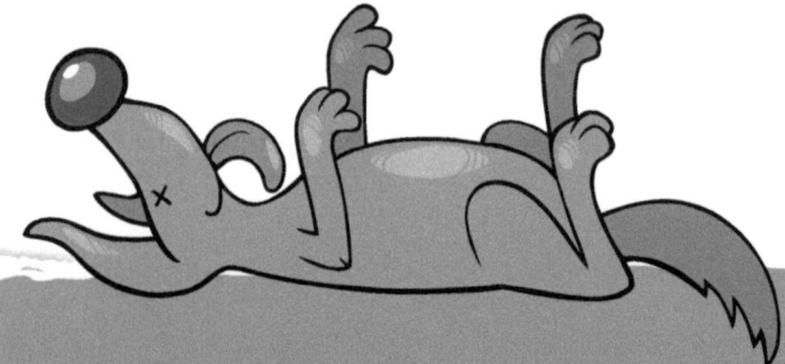

"Du kannst deinem Hund etwas richtig Dummes sagen, und er wird dir einen Blick zuwerfen, der sagt: „Wow, du hast recht! Darauf wäre ich nie gekommen!"

Dave Barry

Das muss Ihr Hund unbedingt lernen!

Im Umgang mit Hunden wird oft davon gesprochen, wie wichtig es ist, ihnen Grundkommandos beizubringen. Doch warum ist dies eigentlich so essentiell? Dieser Artikel bietet eine Einführung in die Bedeutung und den Nutzen von Grundkommandos für Hunde.

Grundkommandos dienen als elementare Kommunikationsschnittstelle zwischen Mensch und Hund. Durch sie erhält der Hund klare Anweisungen, was von ihm erwartet wird, und der Mensch kann sicherstellen, dass der Hund entsprechend handelt. Das Erlernen dieser Kommandos ist daher von zentraler Bedeutung für eine funktionierende Beziehung zwischen Hund und Halter.

Eines der Hauptargumente für das Erlernen von Grundkommandos ist die Sicherheit. Kommandos wie „Sitz", „Platz" oder „Bleib" können in verschiedenen Situationen äußerst hilfreich sein, um potenzielle Gefahren zu vermeiden.

Sie erlauben es dem Halter, den Hund in sicherer Entfernung zu halten, etwa bei nahendem Straßenverkehr oder in der Nähe von anderen Tieren. Zudem erleichtern sie den Umgang mit dem Hund in öffentlichen Räumen, indem sie das Verhalten des Hundes vorhersehbarer und kontrollierbarer machen.

Ein weiterer wichtiger Aspekt ist die Förderung des sozialen Miteinanders. Grundkommandos können dazu beitragen, dass der Hund besser mit anderen Hunden, Menschen oder Tieren interagiert. Ein Hund, der auf Kommandos hört, wird oft besser akzeptiert und als weniger störend wahrgenommen. Dies kann zu einem harmonischeren Zusammenleben in der Gemeinschaft beitragen.

Auch die geistige Stimulation des Hundes spielt eine wichtige Rolle. Das Erlernen von Kommandos fordert den Hund geistig heraus und trägt zur geistigen Fitness bei. Es gibt dem Hund eine Aufgabe, hält ihn aktiv und kann dazu beitragen, Verhaltensprobleme, die durch Unterforderung entstehen können, zu vermeiden.

Zudem stärkt das Erlernen von Kommandos die Bindung zwischen Mensch und Hund. Durch gemeinsames Training und die dadurch entstehende Kommunikation vertieft sich die Beziehung und das gegenseitige Vertrauen wächst. Dies trägt dazu bei, dass der Hund sich sicherer fühlt und besser auf den Halter reagiert.

Zusammenfassend lässt sich sagen, dass das Erlernen von Grundkommandos für Hunde aus verschiedenen Gründen wichtig ist. Sie tragen zur Sicherheit des Hundes und seiner Umgebung bei, fördern soziale Interaktionen, bieten geistige Stimulation und stärken die Bindung zwischen Hund und Halter. Daher sollte jeder Hundehalter in Erwägung ziehen, seinem vierbeinigen Freund diese grundlegenden Fertigkeiten beizubringen.

Wie das funktionieren kann, erfahren Sie in einem kleinen Crash-Kurs auf den folgenden Seiten.

Sitz!

Sitz: Dies ist oft eines der ersten Kommandos, das Hunde lernen. Es ist relativ einfach zu unterrichten und kann in vielen Situationen nützlich sein.

Das Training des Sitz-Kommandos

Für das Training des Sitz-Kommandos empfiehlt es sich, eine ruhige und ab-lenkungsfreie Umgebung zu wählen, in der sich Ihr Hund wohl fühlt. Halten Sie ein Leckerli leicht über den Kopf des Hundes und bewegen Sie Ihre Hand langsam nach oben. Ihr Hund wird dem Leckerli mit den Augen folgen und dabei automatisch in eine sitzende Position gehen.

Eine alternative Methode ist die Verwendung eines Klickers. Wenn der Hund das Kommando ausführt, geben Sie einen kurzen Klick ab und belohnen Sie ihn anschließend mit einem Leckerli. Vergessen Sie dabei nicht, ihn auch verbal zu loben. Mit der Zeit können Sie das Leckerli weglassen und der Klicker wird als positive Verstärkung ausreichen.

Während sich der Hund setzt, sagen Sie das Wort „Sitz" deutlich. Sobald er das gewünschte Verhalten zeigt, belohnen und loben Sie ihn. Schrittweise können Sie die Entfernung zwischen Ihnen und Ihrem Hund vergrößern. Wenn er auf Sie zukommt anstatt sich hinzusetzen, beginnen Sie erneut und belohnen Sie ihn erst, wenn er die Übung richtig ausführt. Sie können auch die Dauer erhöhen, in der Ihr Hund sitzen bleiben soll. Beenden Sie das „Sitz" immer mit einem Auflösesignal wie „O.k." und einer entsprechenden Handbewegung. Sobald Ihr Hund das Verhalten verinnerlicht hat, können Sie das Sitz-Kommando auch in Umgebungen mit mehr Ablenkung trainieren, beispielsweise während eines Spaziergangs.

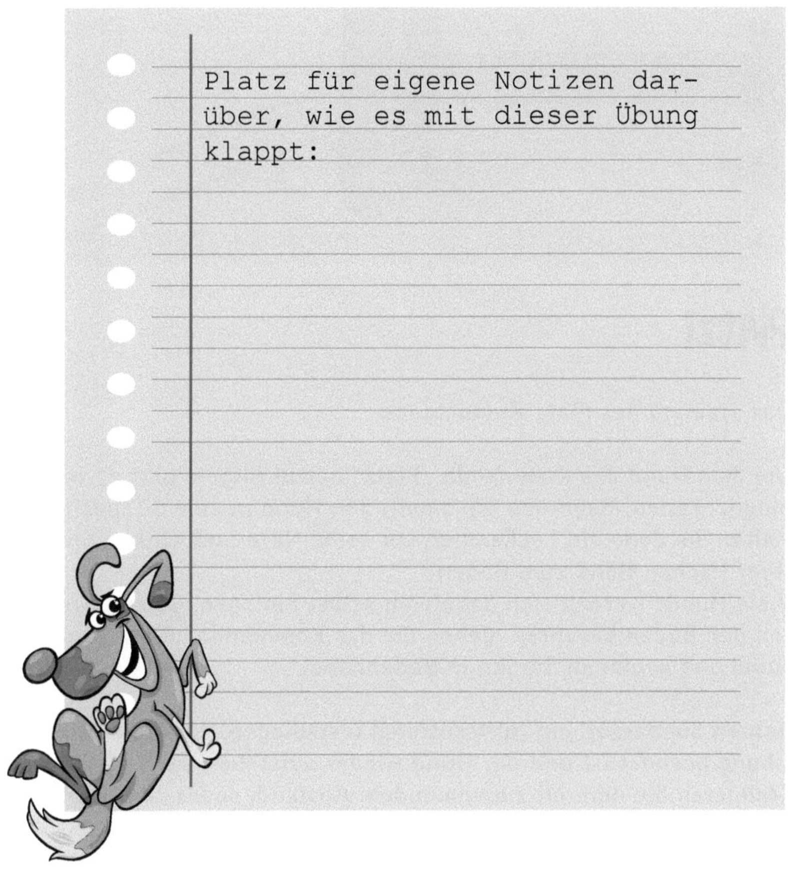

Platz!

Das Training des Platz-Kommandos

Um dem Hund das Kommando „Platz" beizubringen, gibt es verschiedene
Möglichkeiten. Beginnen Sie damit, den Hund in eine Sitzposition zu führen.
Halten Sie dann ein Leckerchen vor seine Nase und senken Sie es langsam mit
Ihrer flachen Hand zum Boden.
Viele Hunde werden sich dabei von selbst hinlegen. Sobald Brust und Hinter-
teil den Boden berühren, geben Sie das Kommando „Platz", loben Sie den
Hund und belohnen Sie ihn in Bodennähe.

Achten Sie darauf, ein Auflösesignal festzulegen, das signalisiert, dass die
Übung beendet ist und der Hund wieder aufstehen darf.
Trainieren Sie nun mit zunehmendem Abstand, sodass der Hund das Signal
(eine flache Hand, die sich in Richtung Boden bewegt) und das Wort „Platz"

mit dem Hinlegen verbindet. Sie können auch die Dauer des Liegens allmählich erhöhen und das Training in einer Umgebung mit mehr Ablenkungen
durchführen, um den Hund herauszufordern.

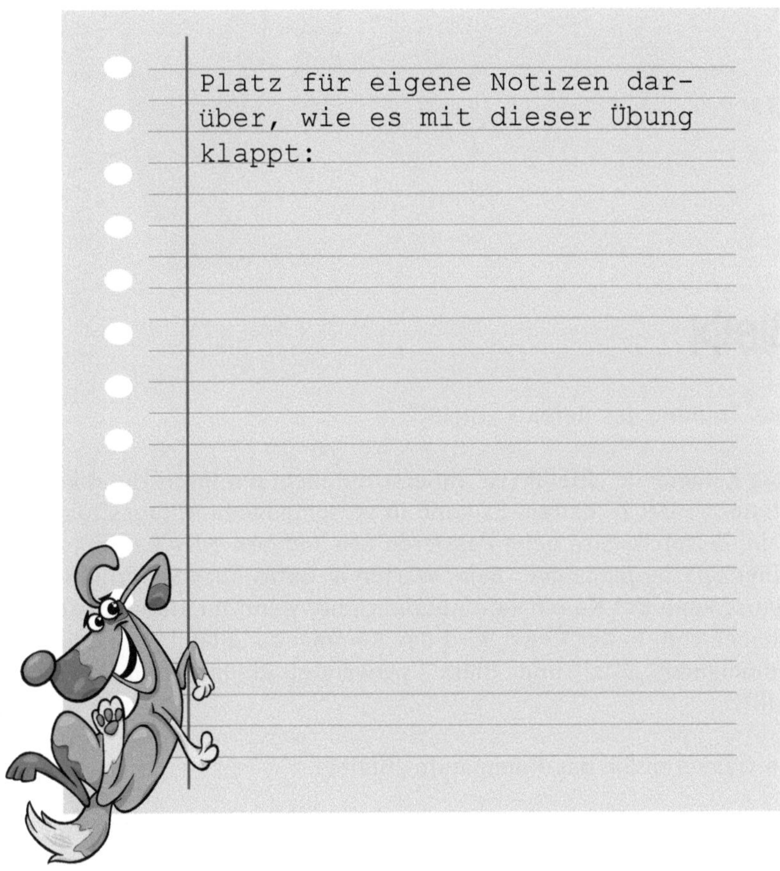

Bleib!

Das Training des Befehls „Bleib!"

Das Kommando „Bleib!" ist äußerst nützlich, um Ihren Hund an einem bestimmten Ort zu halten. Es kann in verschiedenen Alltagssituationen hilfreich
sein, beispielsweise beim Passieren von Joggern oder Radfahrern während
eines Spaziergangs oder beim Warten in Cafés oder Supermärkten. Auch zu
Hause kann das Kommando nützlich sein, wenn Ihr Hund an seinem Platz
bleiben soll. In der Regel wird das Kommando „Bleib!" in Verbindung mit den
Kommandos „Sitz!" und „Platz!" verwendet, die Ihr Hund bereits beherrschen
sollte.

So trainieren Sie das Kommando „Bleib!"

Für die ersten Übungen empfiehlt es sich, eine relativ ablenkungsfreie

Umgebung zu wählen. Beginnen Sie damit, Ihren Hund in die Sitz- oder Platz-Position zu bringen. Gehen Sie dann einige Schritte rückwärts und geben Sie das Signal „Bleib!" zusammen mit einer aufrechten flachen Hand (Stoppzeichen). Wenn Ihr Hund in der Position bleibt, beenden Sie die Übung, indem Sie ihn beispielsweise zu sich rufen (Auflösesignal). Gehen Sie zu ihm zurück und belohnen Sie sein Verhalten, jedoch nur, wenn er bis zum Auflösesignal ausgeharrt hat.

Im nächsten Schritt können Sie die Dauer und Entfernung allmählich erhöhen. Geben Sie das Kommando nur einmal und wiederholen Sie es nicht fortlaufend. Ein Tipp: Viele Hunde finden es einfacher zu warten, wenn sie einen speziellen markierten Platz wie eine Decke, ein Körbchen oder ein Handtuch haben, auf dem sie sich sicher und geborgen fühlen.

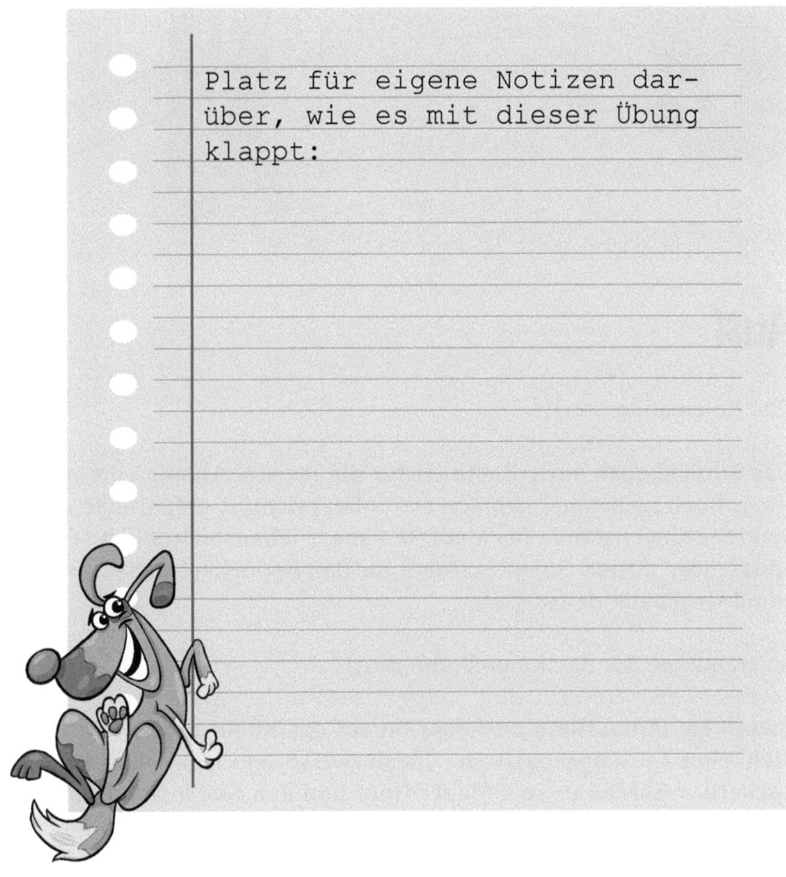

Aus!

Das Kommando „Aus!"

Das Zurückgeben einer Beute ist für die meisten Hunde eine Herausforderung. Doch manchmal nehmen sie unbeabsichtigt gefährliche oder unange-
messene Gegenstände ins Maul, die sogar lebensbedrohlich sein können (z. B.
spitze oder giftige Objekte). Auch für das Apportieren ist es wichtig, dass der
Hund Gegenstände freigibt.

So trainieren Sie das Kommando „Aus!"

Bieten Sie Ihrem Hund als Reaktion auf das Kommando „Aus!" ein unwider-
stehliches Tauschgeschäft an - idealerweise sein Lieblingsspielzeug oder ein
Leckerli. Während er sein Maul öffnet und den Gegenstand fallen lässt, sagen
Sie ruhig und entschlossen „Aus!" und überreichen ihm das interessantere

Tauschobjekt. Später genügt es, ihn einfach zu loben, um das gewünschte Verhalten zu bestärken.

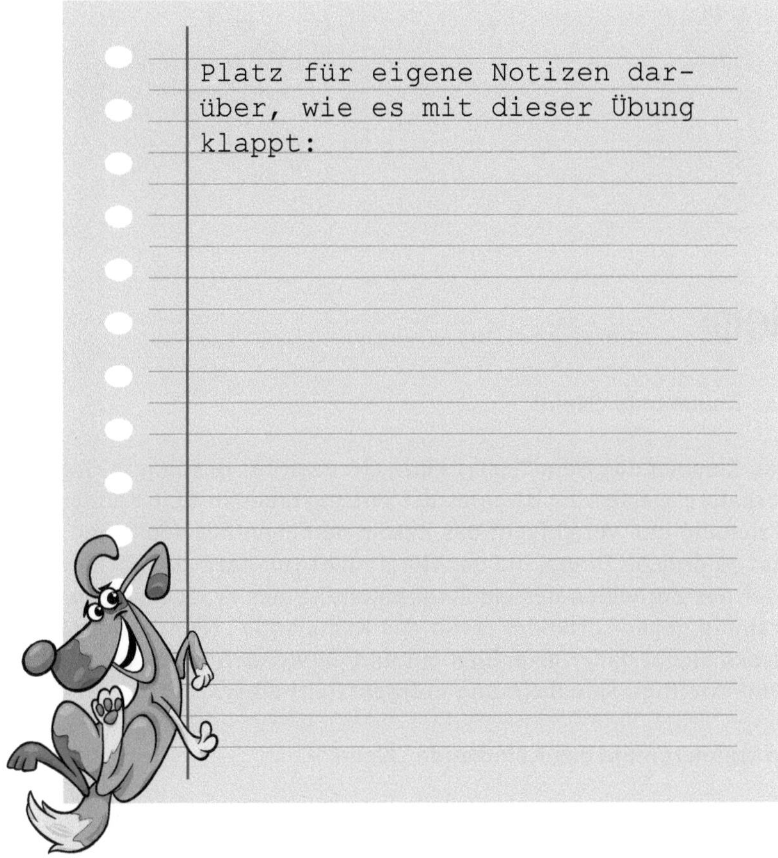

Nein!

Das Kommando „Nein!"

Das Kommando „Nein!" setzt klare Grenzen für bestimmte Gegenstände oder
Verhaltensweisen. Es ist eines der entscheidenden Kommandos in der Hundeerziehung und vereinfacht das Zusammenleben mit dem Hund erheblich. Es
gibt zahlreiche Dinge, die der Hund nicht tun darf: das Stehlen von Essen
oder das Zerbeißen der Lieblingsschuhe seines Frauchens zum Beispiel. Im
Training gegen Giftköder rettet das Kommando „Nein!" sogar Leben. Üben Sie
dieses Signal daher gründlich ein und verwenden Sie es nicht zu häufig, um
seine wichtige Signalwirkung aufrechtzuerhalten.

So trainieren Sie das Kommando „Nein!"

Halten Sie ein Leckerli in Ihrer offenen Hand. Wenn Ihr Hund versucht, es zu nehmen, sagen Sie klar und entschlossen „Nein!" und schließen Ihre Hand. Öffnen Sie dann erneut Ihre Hand und wiederholen Sie den Vorgang. Erst wenn Ihr Hund nicht mehr ungeduldig Ihre Hand anstupst und stattdessen Blickkontakt zu Ihnen sucht, öffnen Sie Ihre Hand und erlauben ihm mit dem Wort „Freigabe", das Leckerli zu nehmen. Im nächsten Schritt legen Sie das Leckerli auf den Boden und wiederholen die Übung.

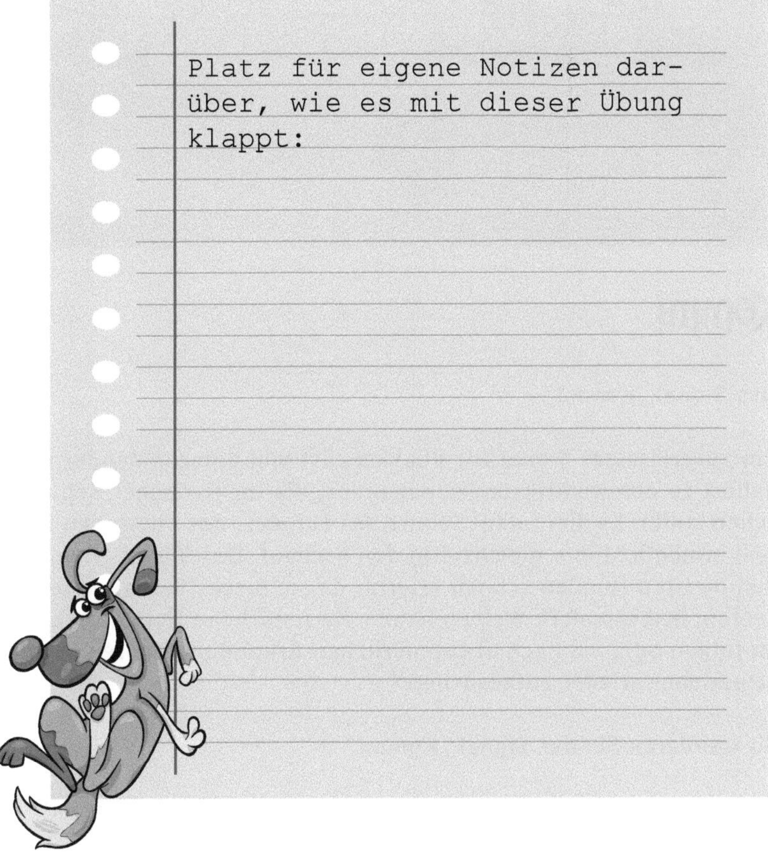

Komm!

Das Signal „Komm!"

Ein zuverlässiges Signal zur Rückkehr ist von entscheidender Bedeutung und gehört zu den wichtigsten Kommandos, die Ihr tierischer Begleiter beherrschen sollte. Es dient dem Schutz des Hundes, des Menschen und der Umwelt und ermöglicht ihm gleichzeitig den Freilauf. Das Signal „Komm!" wird von den meisten Hunden schnell erlernt, da sie dieses Verhalten oft von sich aus zeigen. Insbesondere Welpen haben die natürliche Neigung, ihren Zweibeinern zu folgen oder sie nach abenteuerlichen Erkundungstouren in unbekannten Situationen wieder aufzusuchen.

So trainieren Sie das Signal „Komm!"

Wenn der Hund zu Ihnen kommt, geben Sie das Signal „Komm!" und freuen sich über seine Ankunft. Ein freundliches „Komm!" und eine offene Körperhaltung laden den Hund ein, in jeder Situation gerne zu Ihnen zu kommen. Sobald der Hund bei Ihnen ist, belohnen Sie ihn sofort mit Leckerlis, Streicheleinheiten oder seinem Lieblingsspielzeug. Jede Rückkehr sollte immer positiv verstärkt und so attraktiv wie möglich gestaltet werden, um eine nachhaltige Festigung des Rückrufs zu gewährleisten.

Der Trick besteht darin, sich selbst interessanter zu machen als die Umgebung. Zusätzlich zur verbalen Stimme können Sie auch mit einem Signalgerät wie einer Hundepfeife* arbeiten. Pfeifen Sie und verbinden Sie dies mit dem Signal „Komm!". Ähnlich wie beim Klicker wird der Hund bald die Pfeife mit dem Signal in Verbindung bringen und Sie können auf den verbalen Befehl verzichten.

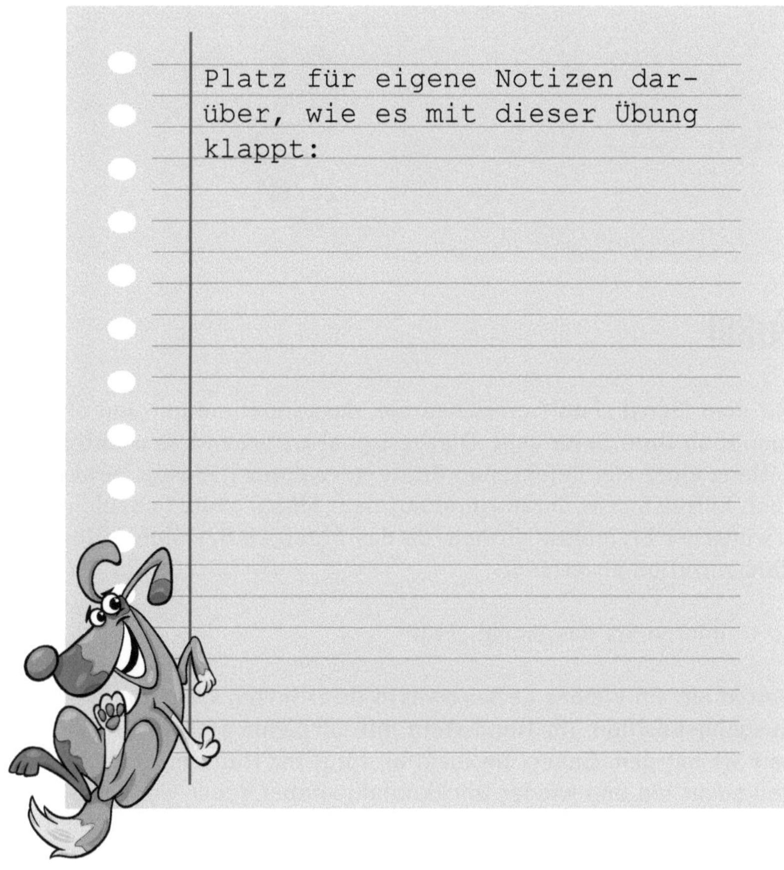

Fuss!

Mit dem Signal „Fuß!" erreichen Sie, dass Ihr Hund mit und ohne Leine entspannt an Ihrer Seite geht. Dieses Signal ist besonders wichtig, wenn Sie sich entlang einer viel befahrenen Route oder eines Radwegs bewegen. Es kann auch hilfreich sein, Ihren Hund mit dem Signal „Fuß!" abzulenken, wenn unerwünschte Ereignisse drohen, da das Befolgen des Signals Ihrem Hund viel Konzentration abverlangt.

So trainieren Sie das Signal „Fuß!"

Halten Sie ein kleines Leckerchen in Ihrer linken Hand und starten Sie in der Ausgangsposition: Ihr Hund steht mit der Leine an Ihrer linken Seite. Beginnen Sie mit dem Gehen. Im Idealfall folgt Ihr Hund Ihrer Hand mit der Nase und sucht hin und wieder Blickkontakt. Dabei geben Sie das Signal „Fuß!". Wenn Ihr Hund entspannt neben Ihnen geht, geben Sie ihm eines der

Leckerchen als Belohnung. Wenn Ihr Hund jedoch ungeduldig zieht oder bellt, bleiben Sie stehen und setzen Sie den Weg erst fort, wenn er sich beruhigt hat.

Im nächsten Fuß variieren Sie das Tempo. In einem weiteren Fuß können Sie auch ohne Leine üben, jedoch zunächst in einem eingezäunten Bereich oder mit einer langen Leine zur Sicherheit. Da diese Übung von Ihrem Hund – unabhängig von seinem Alter – viel Konzentration erfordert, empfiehlt es sich, nur in kurzen Trainingsphasen mit ihm zu üben.

Jetzt!

Jetzt: Dieses Kommando kann verwendet werden, um Ihrem Hund zu signalisieren, dass er eine vorher angehaltene oder erwartete Aktion nun ausführen darf. Es ist besonders hilfreich, um Ihren Hund beispielsweise geduldig auf sein Futter warten zu lassen.

Beginnen Sie damit, Ihren Hund vor seinem Futter sitzen zu lassen. Halten Sie ihn zurück und sagen Sie deutlich „Warten". Zeigen Sie mit Ihrem Handzeichen, dass er warten soll.

Lassen Sie ihn einige Sekunden warten, dann sagen Sie „Jetzt" und zeigen Sie mit Ihrem Handzeichen, dass er nun darf. Wenn Ihr Hund zum Futter geht, nachdem Sie „Jetzt" gesagt haben, loben Sie ihn und lassen Sie ihn fressen. Üben Sie dieses Kommando regelmäßig, indem Sie die Wartezeit schrittweise verlängern. Es ist wichtig, dass Ihr Hund lernt, geduldig zu sein und auf Ihr

Signal zu warten, bevor er eine Aktion ausführt.
Sie können dieses Kommando auch in anderen Situationen verwenden, zum
Beispiel wenn Sie möchten, dass Ihr Hund vor der Tür wartet, bevor er nach
draußen darf, oder wenn Sie ein Spielzeug werfen und möchten, dass er wartet, bis er es holen darf.

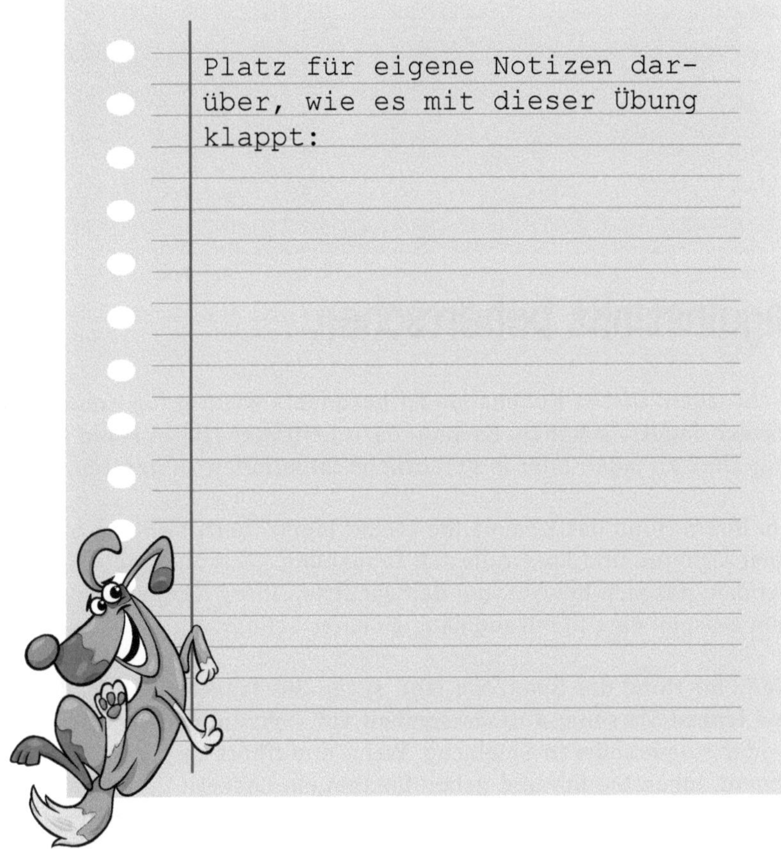

Jagdinstinkt beherrschen.

Nicht jagen: Dieses Kommando ist besonders wichtig für Hunde, die einen starken Jagdtrieb haben. Es kann dazu beitragen, Ihren Hund davon abzuhalten, Tiere zu jagen oder in gefährliche Situationen zu geraten.

Um Ihrem Hund das Kommando „Nicht jagen" beizubringen, beginnen Sie in einer sicheren und kontrollierten Umgebung. Sie können ein Spielzeug verwenden, das sich bewegt, um den Jagdtrieb Ihres Hundes anzusprechen, wie zum Beispiel eine Spielzeugmaus an einer Schnur.

Wenn Ihr Hund das Spielzeug jagt, sagen Sie das Kommando „Nicht jagen" und lenken Sie seine Aufmerksamkeit auf sich, entweder mit einem Leckerli oder einem anderen Spielzeug. Wenn er aufhört zu jagen und zu Ihnen kommt, loben Sie ihn und geben Sie ihm ein Leckerli.
Üben Sie dieses Kommando regelmäßig und in verschiedenen Situationen. Mit

der Zeit sollten Sie das Training in eine Umgebung mit mehr Ablenkungen verlagern, wie zum Beispiel einen Park mit Eichhörnchen oder Vögeln. Seien Sie geduldig und konsequent. Es kann einige Zeit dauern, bis Ihr Hund dieses Kommando vollständig versteht, besonders wenn er einen starken Jagdtrieb hat.

Das waren alle Grundkommandos, die wir besprechen wollten. Jedes dieser Kommandos kann dazu beitragen, die Sicherheit und das Wohlbefinden Ihres Hundes zu verbessern, sowie Ihre Beziehung zu stärken. Denken Sie daran, dass Training Geduld und Konsequenz erfordert, und dass es wichtig ist, Ihren Hund immer mit Liebe und Respekt zu behandeln. Viel Spaß beim Training!

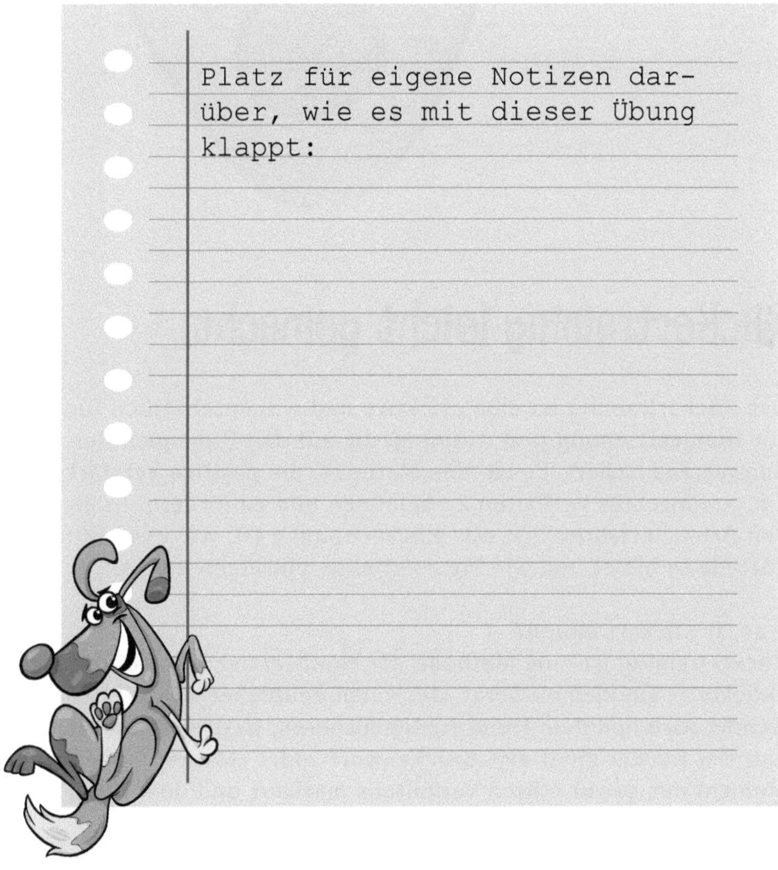

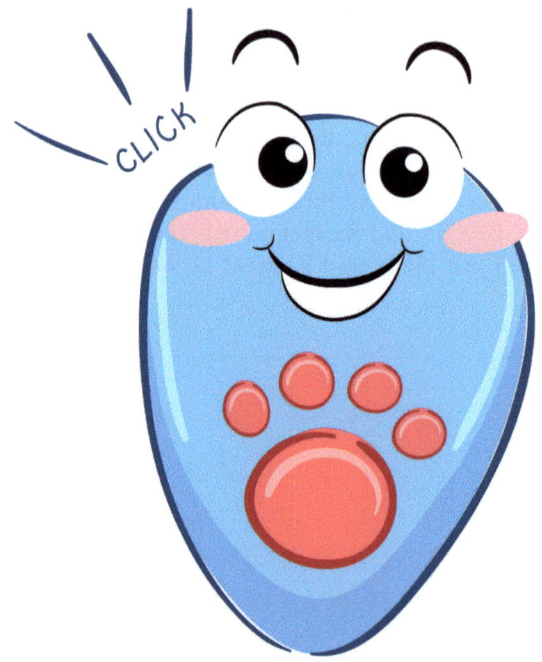

Klickertraining leicht gemacht.

Das Klickertraining ist eine effektive und wissenschaftlich fundierte Methode zur Hundeerziehung und -training, die auf den Prinzipien des operanten Konditionierens basiert. Es ist eine Methode, die positive Verstärkung verwendet, um gewünschtes Verhalten zu belohnen und zu fördern. In diesem umfassenden Artikel erfahren Sie, was Klickertraining ist, wie es funktioniert, welche Vorteile es bietet und wie Sie es effektiv einsetzen können.

Was ist Klickertraining?
Klickertraining ist eine Methode der Hundeerziehung, bei der ein spezieller „Klicker" - ein kleines Gerät, das einen deutlichen Klick-Ton erzeugt - verwendet wird, um dem Hund zu signalisieren, dass er etwas richtig gemacht hat. Der Klicker dient als „Brückenwort" oder „Marker", der den exakten Moment des gewünschten Verhaltens markiert und dem Hund sagt: „Genau das hast du richtig gemacht!"

Im Grunde ist der Klicker ein Kommunikationswerkzeug. Er liefert eine klare und konsistente Botschaft, die Hunde leicht verstehen können. Der Klick-Ton ist immer gleich und wird vom Hund nicht mit anderen Geräuschen oder menschlichen Stimmen verwechselt.

Wie funktioniert das Klickertraining?
Das Prinzip des Klickertrainings basiert auf dem operanten Konditionieren, einer Lerntheorie, die besagt, dass das Verhalten durch seine Konsequenzen geformt wird. Wenn ein Verhalten zu einer positiven Konsequenz führt (z.B. einer Belohnung), wird es wahrscheinlich wiederholt.

Im Klickertraining wird der Klicker verwendet, um den genauen Moment des gewünschten Verhaltens zu markieren. Sobald der Hund das gewünschte Verhalten zeigt, wird der Klicker betätigt und der Hund wird sofort belohnt. Auf diese Weise lernt der Hund, dass der Klick-Ton eine Belohnung ankündigt und dass das markierte Verhalten zu einer Belohnung führt.

Ein typisches Trainingsszenario könnte folgendermaßen aussehen: Nehmen wir an, Sie möchten Ihrem Hund beibringen, „Sitz" zu machen. Sie warten, bis Ihr Hund sich von selbst hinsetzt. In dem Moment, in dem sein Hinterteil den Boden berührt, klicken Sie und geben ihm sofort eine Belohnung. Ihr Hund wird schnell lernen, dass das Sitzen zum Klick und zur Belohnung führt.

Vorteile des Klickertrainings
Klickertraining bietet eine Reihe von Vorteilen gegenüber anderen Trainings-methoden:

Klare Kommunikation: Der Klicker liefert eine klare und eindeutige Botschaft. Es gibt keine Verwirrung oder Fehlinterpretationen, wie es manchmal bei ver-balen Befehlen der Fall sein kann.

Schnelles Lernen: Da der Klicker den genauen Moment des gewünschten Ver-haltens markiert, kann der Hund schnell lernen, welches Verhalten belohnt wird.

Positive Verstärkung: Klickertraining basiert auf positiver Verstärkung, was bedeutet, dass gewünschtes Verhalten belohnt und gefördert wird, anstatt unerwünschtes Verhalten zu bestrafen. Dies fördert ein positives Lernumfeld und stärkt die Beziehung zwischen Ihnen und Ihrem Hund.

Flexibilität: Klickertraining kann für eine Vielzahl von Verhaltensweisen und Kommandos verwendet werden, von einfachen Kommandos wie „Sitz" und „Platz" bis hin zu komplexeren Tricks und Fertigkeiten.

Baut Vertrauen und Bindung auf: Da das Klickertraining auf Belohnung und nicht auf Bestrafung basiert, wird es von den Hunden oft positiv aufgenom-men, was das Vertrauen und die Bindung zwischen Ihnen und Ihrem Hund stärkt.

Klickertraining erfolgreich einsetzen: Tipps und Tricks
1. Den Klicker „aufladen": Bevor Sie mit dem Klickertraining beginnen, sollten Sie den Klicker „aufladen" oder „konditionieren". Dies bedeutet, dass Sie Ihren Hund darauf konditionieren, dass der Klicker-Ton eine Belohnung an-kündigt. Um dies zu tun, klicken Sie einfach und geben Sie Ihrem Hund sofort eine Belohnung. Wiederholen Sie diesen Vorgang mehrmals, bis Ihr Hund die

Verbindung zwischen dem Klicker-Ton und der Belohnung verstanden hat.

2. Timing ist alles: Bei der Verwendung des Klickers ist das richtige Timing entscheidend. Der Klick sollte genau im Moment des gewünschten Verhaltens erfolgen. Wenn das Timing nicht stimmt, könnte Ihr Hund das falsche Verhalten mit der Belohnung assoziieren.

3. Sofortige Belohnung: Nach dem Klick sollte die Belohnung sofort erfolgen. Je schneller die Belohnung erfolgt, desto besser wird Ihr Hund die Verbindung zwischen seinem Verhalten und der Belohnung verstehen.

4. Verwendung von qualitativ hochwertigen Belohnungen: Verwenden Sie Belohnungen, die Ihr Hund wirklich mag, wie z.B. kleine Stücke von seinem Lieblingssnack oder Spielzeug. Je attraktiver die Belohnung, desto motivierter wird Ihr Hund sein, das gewünschte Verhalten zu zeigen.

5. Kurze Trainingseinheiten: Hunde lernen am besten in kurzen, aber regelmäßigen Trainingseinheiten. Zehn bis fünfzehn Minuten pro Trainingseinheit sind in der Regel ausreichend. Mehrere kurze Trainingseinheiten pro Tag sind oft effektiver als eine lange Trainingseinheit.

Zusammenfassend ist das Klickertraining eine effektive und positive Methode zur Hundeerziehung. Mit ein wenig Übung und Geduld kann es Ihnen und Ihrem Hund helfen, besser zu kommunizieren und das Training zu einer angenehmen und lohnenden Erfahrung zu machen.

Von den Profis lernen.

Haben Sie bereits vom BHV Hundeführerschein gehört? Es handelt sich dabei um eine Art Führerschein, allerdings nicht für das Auto, sondern für Sie und Ihren vierbeinigen Begleiter. Interessant, nicht wahr? Viele Hundeschulen und Trainer bieten diesen Kurs an, um Sie und Ihren pelzigen Freund auf ein sicheres und harmonisches Zusammenleben im Alltag vorzubereiten. Diese Initiative wird vom Berufsverband der Hundeerzieher/innen und Verhaltensberater/innen e.V. (kurz BHV) ins Leben gerufen und überwacht. In diesem Artikel erfahren Sie alles Wissenswerte darüber - von den Prüfungsinhalten über die Vorbereitung bis hin zur Bedeutung für Sie als Hundehalter.

Das Ziel dieser Unternehmung besteht darin, Sie und Ihren Hund für das Leben in der Gesellschaft zu qualifizieren. Das bedeutet, Sie erfahren alles Wissenswerte über Hundeerziehung, Kommunikation, Verhalten und sogar rechtliche Aspekte, während Ihr Hund lernt, sich in verschiedenen Situationen angemessen und sicher zu verhalten.

Die Prüfung selbst setzt sich aus Theorie und Praxis zusammen. In der Theorie füllen Sie einen Multiple-Choice-Fragebogen aus, in dem Themen wie Hundeerziehung, Kommunikation, Lernverhalten, Körpersprache, Hundehaltung, Pflege, rechtliche Aspekte und sogar Erste Hilfe für Hunde behandelt werden.

In der Praxis muss Ihr Hund dann sein Können unter Beweis stellen: Grundgehorsam (Sitz, Platz, Bleib, Herankommen auf Zuruf, Leinenführigkeit), Begegnungen mit anderen Hunden und Menschen, Verhalten in Alltagssituationen (z.B. Straßenverkehr, öffentliche Verkehrsmittel, Menschenmengen) und das Bewältigen von Umweltreizen (Geräusche, ungewohnte Objekte, Bodenbeläge). Und natürlich muss er auch beweisen, dass er ohne Sie entspannt bleiben kann.

Um sich auf den BHV Hundeführerschein vorzubereiten, können Sie an speziellen Vorbereitungskursen teilnehmen. Viele Hundeschulen und Trainer bieten diese an und sie decken sowohl die theoretischen als auch die praktischen Aspekte ab. Also, warum zögern Sie noch? Bereiten Sie sich und Ihren vierbeinigen Freund auf den Alltag vor!

Warum sollten Sie sich also die Mühe machen, den BHV Hundeführerschein zu absolvieren, wenn dieser doch freiwillig ist? Ganz einfach, weil er Ihnen und Ihrem Hund eine Vielzahl von Vorteilen bietet.

Erstens, Sicherheit und Verantwortungsbewusstsein: Indem Sie die Prüfung bestehen, zeigen Sie, dass Sie Ihren Hund unter Kontrolle haben und potenzielle Konflikte im Alltag geschickt vermeiden können.

Zweitens, bessere Kommunikation und Bindung: Die Vorbereitung auf den BHV Hundeführerschein hilft Ihnen, Ihre Kommunikation mit Ihrem Hund zu verbessern und ihn besser zu verstehen. Dies führt zu einer stärkeren Bindung und einem harmonischeren Zusammenleben.

Drittens, Anerkennung durch Dritte: Obwohl der BHV Hundeführerschein in Deutschland keine gesetzliche Pflicht ist, kann er bei Versicherungen, Vermietern oder Behörden als Nachweis für verantwortungsvolle Hundehaltung anerkannt werden. Das kann beispielsweise bei der Wohnungssuche oder beim Abschluss einer Haftpflichtversicherung von Vorteil sein.

Viertens, Sie fördern das positive Image von Hunden: Indem Sie den BHV Hundeführerschein absolvieren und verantwortungsvoll mit Ihrem Hund umgehen, tragen Sie dazu bei, das Bild von Hunden und Hundehaltern in der Gesellschaft zu verbessern und Vorurteile abzubauen.

Zusammenfassend lässt sich sagen, dass der BHV Hundeführerschein eine wirklich lohnenswerte Sache ist. Er trägt dazu bei, das Zusammenleben von Mensch und Hund sicherer und harmonischer zu gestalten. Durch die Teilnahme an Vorbereitungskursen und das Bestehen der Prüfung demonstrieren Sie, dass Sie verantwortungsbewusst mit Ihrem Hund umgehen und erweitern Ihre Kenntnisse und Fähigkeiten im Umgang mit Ihrem Vierbeiner. Also, nehmen Sie die Leine und machen Sie sich auf den Weg zur nächsten Hundeschule!

Adressen und weitere Informationen finden Sie im Service-Teil weiter hinten in diesem Buch.

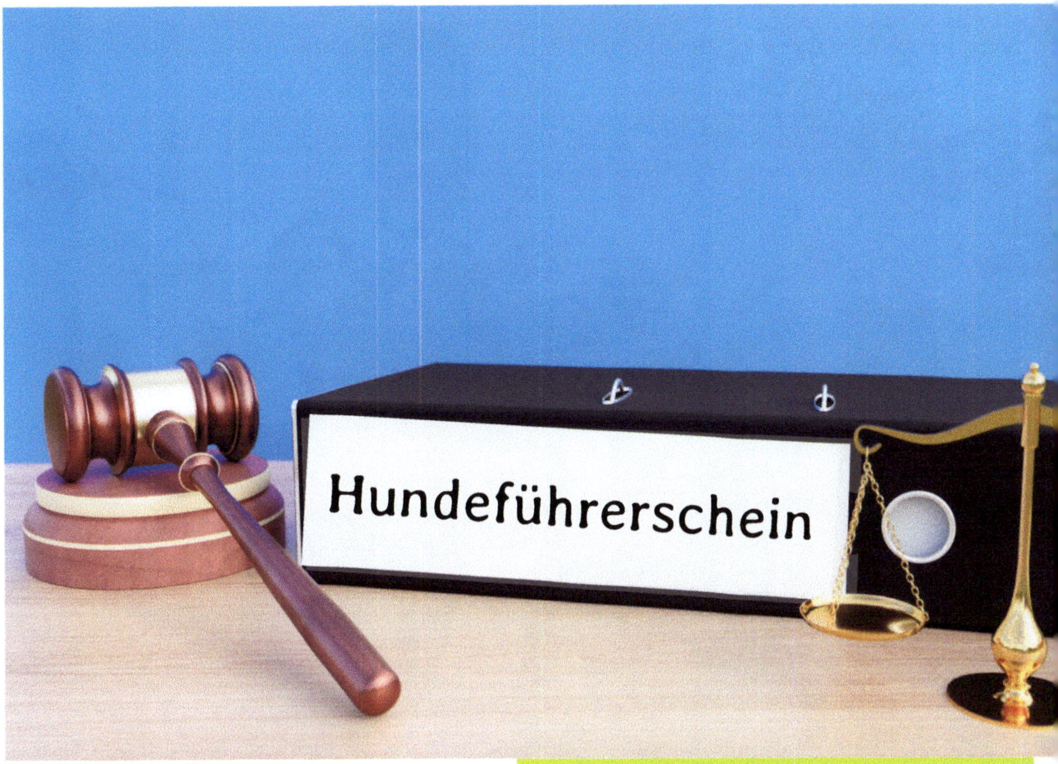

Nützlicher Behördenkram!

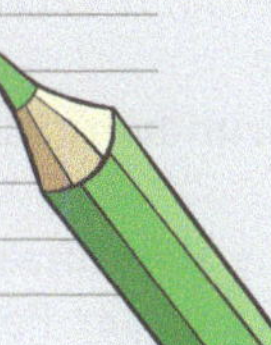

„Hunde sind die besten Freunde des Menschen, weil sie die Fehler des Menschen übersehen.“ - Aldous Huxley

freunde für ein ganzes Leben.

Der Pomsky und Kinder – Ein flauschiger Familienfreund mit Charakter

Der Pomsky ist nicht nur ein bezaubernder Blickfang mit seinem plüschigen Fell und den ausdrucksstarken Augen – er ist auch ein potenziell wunderbarer Familienhund, der besonders im Zusammenleben mit Kindern seine liebevolle, verspielte Seite zeigt. Doch wie bei jeder Hunderasse hängt die Harmonie im Familienalltag nicht nur vom Wesen des Hundes ab, sondern auch vom gegenseitigen Verständnis, Erziehung und Respekt.

Grundvoraussetzung: Charakter und Temperament des Pomsky

Als Hybridrasse aus dem Siberian Husky und dem Pomeranian (Zwergspitz) bringt der Pomsky Eigenschaften beider Elternrassen mit:

die verspielte, fröhliche und oft sehr menschenbezogene Art des Pomeranian kombiniert mit der Intelligenz, Selbstständigkeit und Energie des Huskys.

Diese Mischung kann – wenn richtig gefördert – zu einem aufgeschlossenen, kinderlieben und neugierigen Begleiter führen. Viele Pomsky lieben es, Teil des Familienlebens zu sein, zu kuscheln, zu spielen und sich aktiv einzubringen.

Allerdings ist der Pomsky nicht automatisch ein unkomplizierter Kinderspielkamerad. Er braucht eine gute Sozialisierung, klare Regeln und vor allem: einen respektvollen Umgang – genau wie jedes Familienmitglied.

Pomsky im Alltag mit Kindern – Was macht sie besonders?

Kompakte Größe:
Pomsky sind weder zu groß noch zu klein – ideal für Kinderhände, ohne zu zerbrechlich oder überwältigend zu wirken.

Verspieltheit:
Viele Pomsky lieben Bewegung, Spiel und Aufmerksamkeit – perfekte Eigenschaften für lebhafte Kinder.

Anhänglich, aber nicht zu aufdringlich:
Der Pomsky kann eine enge Bindung zu einzelnen Familienmitgliedern aufbauen, ist aber oft auch offen für neue Freundschaften.

Lernfreudig:
Gemeinsames Tricktraining mit Kindern macht nicht nur Spaß, sondern stärkt die Beziehung.

Wichtig: Klare Regeln für beide Seiten
So harmonisch das Zusammenleben auch sein kann – es gibt ein paar Grundsätze, die immer gelten sollten:

Für den Hund:
Der Pomsky sollte früh an Kinder gewöhnt werden – idealerweise schon beim Züchter oder spätestens im Welpenalter.

Ruhezonen sind wichtig. Kinder müssen lernen, dass der Hund Rückzugsorte hat, die nicht gestört werden dürfen.

Keine grobe Behandlung: Der Pomsky kann sensibel sein und bei

Überforderung mit Rückzug oder (in sehr seltenen Fällen) Abwehrverhalten reagieren.

Für die Kinder:
Der Umgang mit dem Hund sollte altersgerecht begleitet werden.

Kinder lernen spielerisch, was ein Hund mag – und was nicht: z. B. nicht am Schwanz ziehen, nicht laut anschreien, nicht bedrängen.

Verantwortung (z. B. beim Füttern oder Bürsten) kann kindgerecht integriert werden – stärkt Empathie und Bindung.

Kind & Hund als Team – mit Anleitung ein echtes Dream-Team

Ein Pomsky kann für Kinder ein treuer Gefährte, Zuhörer, Spielpartner und Trostspender sein – und umgekehrt kann ein Kind für einen Pomsky ein absoluter Lieblingsmensch werden.

Wichtig ist jedoch: Das Zusammenleben muss begleitet und gestaltet werden. Eltern tragen die Verantwortung, sowohl dem Kind als auch dem Hund Sicherheit und Orientierung zu geben.

Tipp: Gemeinsames Training (z. B. mit Clicker), Spaziergänge, Kuschelzeiten und kleine „Pflegeaufgaben" sind tolle Rituale, die helfen, das Band zwischen Kind und Hund zu stärken.

Fazit: Ein Pomsky als Familienmitglied

Der Pomsky bringt alles mit, was ein Familienhund braucht: Charme, Intelligenz, Nähebedürfnis und eine verspielte Natur. In einem liebevollen, respektvollen Umfeld kann er mit Kindern zu einem echten Freund fürs Leben werden – einer, der mitwächst, zuhört, tröstet und für jeden Spaß zu haben ist.

Mit etwas Geduld, klarer Anleitung und viel gemeinsamer Zeit entsteht aus Kind und Pomsky ein eingespieltes Team – voller Vertrauen, Freude und unvergesslicher Momente.

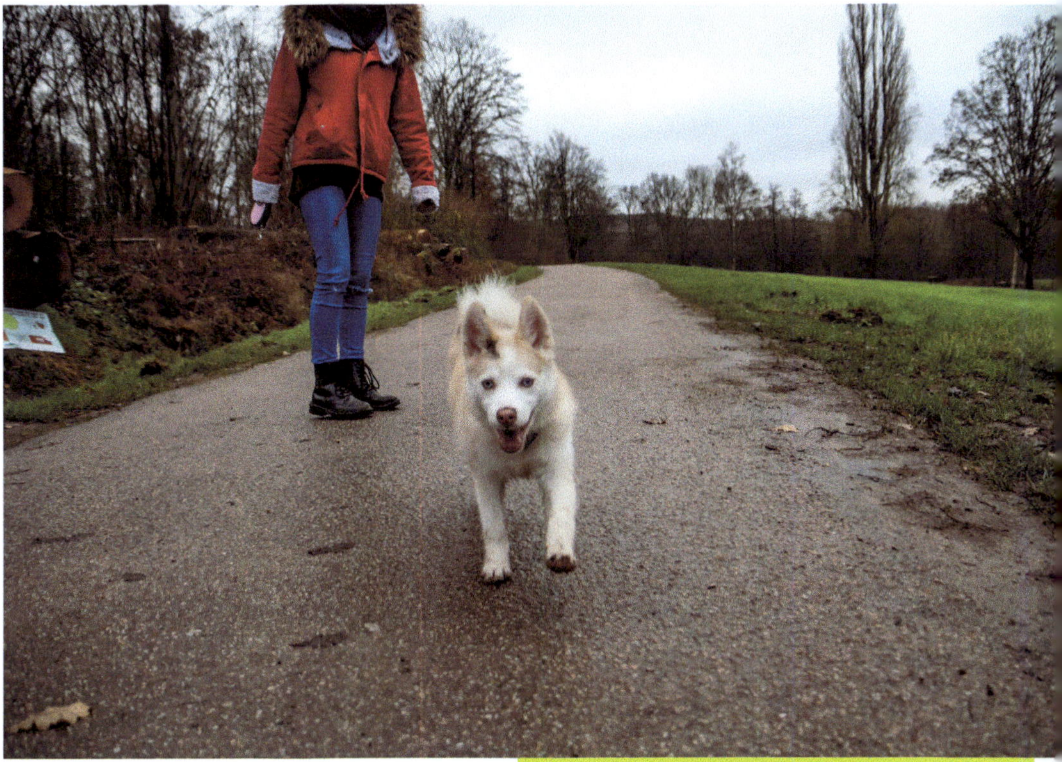

Ein gutes Team!

"Hunde sind so angenehme Freunde. Sie stellen keine Fragen, sie üben keine Kritik."

-George Elliot-

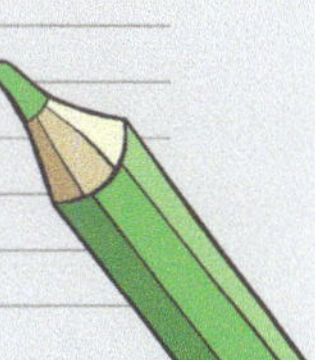

Die Grundlage für einfach alles.

Die Grundlagen der Hundernährung: Die Bedeutung einer ausgewogenen Ernährung für Hunde

Eine ausgewogene und nährstoffreiche Ernährung ist für jeden Hund von entscheidender Bedeutung. Sie ist das Fundament, auf dem Gesundheit, Lebensqualität und Langlebigkeit aufbauen.

Eine unzureichende oder unausgewogene Ernährung kann zu verschiedenen Gesundheitsproblemen wie Haut- und Fellproblemen, schlechter Knochengesundheit, Immunsystemschwäche und vielen anderen Zuständen führen. Daher ist es unerlässlich, dass Hundebesitzer die Grundlagen der Hundernährung verstehen.

Proteine

Proteine sind die Bausteine des Körpers und haben eine zentrale Bedeutung
in der Ernährung eines Hundes. Sie liefern essentielle Aminosäuren, die für
Wachstum, Muskelaufbau, Reparatur von Körperzellen und die Produktion von
Hormonen und Enzymen notwendig sind.

Hochwertige tierische Proteine wie Geflügel, Rind, Fisch und Ei sind besonders wichtig, da sie alle essentiellen Aminosäuren enthalten, die Hunde für
eine optimale Gesundheit benötigen.

Kohlenhydrate

Kohlenhydrate liefern Energie und sind besonders für sehr aktive Hunde
wichtig. Sie enthalten Ballaststoffe, die die Verdauungsgesundheit unterstützen. Es ist jedoch wichtig darauf zu achten, dass die Kohlenhydrate aus guten
Quellen wie Vollkornprodukten, Obst und Gemüse stammen. Diese enthalten
auch Vitamine, Mineralstoffe und Antioxidantien.

Fette

Fette sind die konzentrierteste Energiequelle in der Ernährung eines Hundes.
Sie liefern essentielle Fettsäuren, die für die Gehirnfunktion, die Aufrechterhaltung der Haut- und Fellgesundheit und die Unterstützung des Immunsystems wichtig sind. Omega-3- und Omega-6-Fettsäuren sind besonders nützlich für Hunde.

Vitamine und Mineralstoffe

Vitamine und Mineralstoffe spielen eine entscheidende Rolle in zahlreichen
Körperprozessen. Sie sind an Funktionen wie der Knochengesundheit (Kal-
zium, Phosphor, Vitamin D), der Blutbildung (Eisen, Vitamin B12), der Haut-
und Fellgesundheit (Zink, Vitamin A), der Augengesundheit (Vitamin A) und
vielen anderen beteiligt.

Hundebesitzer sollten beachten, dass zu viele Vitamine und Mineralien ebenso
schädlich sein können wie zu wenige. Deshalb ist es wichtig, ein ausgewogenes Hundefutter zu wählen, das speziell darauf ausgelegt ist, den Nährstoff-
bedarf des Hundes zu decken, ohne dass eine Über- oder Unterversorgung
entsteht.

Wasser

Wie ich bereits erwähnt habe, ist Wasser ein unverzichtbarer Bestandteil der Hundeernährung. Es ist an fast allen Körperfunktionen beteiligt, einschließlich Verdauung, Nährstofftransport, Regulierung der Körpertemperatur und mehr. Ein Hund kann Tage oder sogar Wochen ohne Nahrung überleben, aber nur wenige Tage ohne Wasser. Daher sollte immer darauf geachtet werden, dass Ihr Hund jederzeit Zugang zu frischem, sauberem Wasser hat.

Zusammenfassung

Eine ausgewogene Ernährung, die alle notwendigen Nährstoffe enthält, ist unerlässlich für die Gesundheit und das Wohlbefinden Ihres Hundes. Proteine, Kohlenhydrate, Fette, Vitamine, Mineralstoffe und Wasser sind alle wichtige Bestandteile, die in der richtigen Menge und im richtigen Verhältnis vorhanden sein müssen.

Es ist auch wichtig zu beachten, dass die spezifischen Ernährungsbedürfnisse eines Hundes von verschiedenen Faktoren wie Alter, Rasse, Gewicht, Aktivitätsniveau und Gesundheitszustand abhängen können. Daher kann es ratsam sein, mit einem Tierarzt oder einem Hundeernährungsberater zusammenzuarbeiten, um die am besten geeignete Ernährung für Ihren speziellen Hund zu ermitteln.

Zu guter Letzt sollte die Ernährung Ihres Hundes auch schmackhaft sein! Eine ausgewogene und nährstoffreiche Ernährung ist nutzlos, wenn Ihr Hund sie nicht frisst. Die beste Ernährungsstrategie berücksichtigt sowohl die gesundheitlichen Bedürfnisse als auch die Vorlieben Ihres Hundes.

Die Rolle der Ernährung in verschiedenen Lebensphasen: Anpassung an Alter, Größe und Gesundheitszustand

Die Ernährungsbedürfnisse eines Hundes können sich im Laufe seines Lebens dramatisch ändern. Von den ersten Tagen als Welpe bis ins hohe Alter sind spezielle Ernährungen und Fütterungspläne notwendig, um die Gesundheit und das Wohlbefinden zu fördern und zu erhalten. Dabei spielen sowohl das Alter als auch die Größe und der Gesundheitszustand eine entscheidende Rolle.

Welpenernährung

Die Ernährung von Welpen ist von größter Bedeutung, da sie sich in einer intensiven Wachstumsphase befinden. Welpen benötigen eine nährstoffreiche Ernährung mit einem höheren Anteil an Proteinen und Kalorien als erwachsene Hunde, um ihr schnelles Wachstum und die Entwicklung zu unterstützen.

Die Menge des Futters und die Anzahl der Fütterungen pro Tag sollten ebenfalls an das Wachstum und die Energiebedürfnisse des Welpen angepasst werden. Welpen sollten in der Regel drei bis vier Mal pro Tag gefüttert werden.

Ernährung für ausgewachsene Hunde

Sobald ein Hund ausgewachsen ist, ändern sich seine Ernährungsbedürfnisse erneut. Der Bedarf an Kalorien und Proteinen kann sinken, da das schnelle Wachstum nachlässt. Erwachsene Hunde benötigen eine ausgewogene Ernährung, die alle notwendigen Nährstoffe enthält, jedoch nicht überschüssig ist, um Übergewicht und damit verbundene Gesundheitsprobleme zu vermeiden.

Die Menge und die Häufigkeit der Fütterungen können ebenfalls angepasst werden. Die meisten erwachsenen Hunde kommen gut mit zwei Mahlzeiten pro Tag aus.

Ernährung für ältere Hunde

Im Alter ändern sich die Ernährungsbedürfnisse eines Hundes erneut. Ältere Hunde neigen dazu, weniger aktiv zu sein und benötigen daher weniger Kalorien. Gleichzeitig können gesundheitliche Probleme auftreten, die eine Anpassung der Ernährung erfordern.

Viele ältere Hunde profitieren von Ernährungen, die reich an hochwertigen Proteinen und niedrig an Fett und Kalorien sind. Zusätzlich kann es hilfreich sein, spezielle Nährstoffe zu ergänzen, die die Gelenkgesundheit unterstützen oder spezifische gesundheitliche Probleme adressieren.

Anpassung an Größe und Gesundheitszustand

Hunde mit gesundheitlichen Problemen wie Allergien, Herzerkrankungen oder Diabetes benötigen möglicherweise spezielle Ernährungen oder Nahrungsergänzungsmittel. Zum Beispiel kann ein Hund mit Herzproblemen von einer Ernährung profitieren, die niedrig in Natrium und hoch in Omega-3-Fettsäuren ist. Ein diabetischer Hund benötigt eine Ernährung, die hilft, den Blutzuckerspiegel stabil zu halten.

Es ist wichtig zu beachten, dass jede Änderung in der Ernährung eines Hundes, insbesondere wenn es um spezifische Gesundheitsprobleme geht, immer unter Aufsicht eines Tierarztes durchgeführt werden sollte.

Futterauswahl für Hunde: Trockenfutter, Nassfutter, Rohfutter und Hausgemachtes Futter

Die Auswahl des richtigen Futters für Ihren Hund kann eine Herausforderung sein, da es viele verschiedene Optionen und Überlegungen gibt. Die häufigsten Optionen sind Trockenfutter, Nassfutter, Rohfutter (auch bekannt als BARF - Biologisch Artgerechtes Rohes Futter) und hausgemachtes Futter. Jede dieser Optionen hat ihre eigenen Vor- und Nachteile und kann besser oder schlechter für Ihren Hund geeignet sein, abhängig von verschiedenen Faktoren wie Größe, Rasse, Aktivitätsniveau und gesundheitlichen Bedenken.

Trockenfutter

Trockenfutter ist eine der beliebtesten Optionen für Hundefutter. Es hat mehrere Vorteile, darunter lange Haltbarkeit, einfache Lagerung und Handhabung, und es ist oft kostengünstiger als andere Futteroptionen. Es kann auch zur Verbesserung der Zahnhygiene beitragen, da das Kauen von trockenem Futter helfen kann, Plaque zu entfernen.

Ein Nachteil des Trockenfutters ist jedoch, dass es oft hohe Mengen an Kohlenhydraten und weniger Feuchtigkeit enthält als andere Futterarten. Einige Hunde können auch Nahrungsmittelallergien oder -unverträglichkeiten gegen bestimmte Zutaten in Trockenfutter haben.
Nassfutter

Nassfutter ist eine weitere gängige Option. Es ist oft schmackhafter für Hunde und kann eine höhere Qualität an Proteinen und weniger Kohlenhydrate als Trockenfutter enthalten. Darüber hinaus enthält Nassfutter viel Feuchtigkeit, was zur Hydratation beitragen kann.

Nachteile von Nassfutter können die kürzere Haltbarkeit nach dem Öffnen, die höheren Kosten und die Tatsache, dass es weniger bequem zu lagern und zu handhaben ist als Trockenfutter, sein.

Rohfutter (BARF)

Die Rohfütterung oder BARF-Ernährung basiert auf dem Prinzip, Hunde mit rohem Fleisch, Knochen, Obst und Gemüse zu füttern, ähnlich dem, was ihre Vorfahren in der Wildnis gegessen hätten. Befürworter dieser Ernährungsform

argumentieren, dass sie zu einem glänzenderen Fell, gesünderer Haut und besserer allgemeiner Gesundheit führt.

Allerdings kann die Rohfütterung auch Herausforderungen und Risiken mit sich bringen. Sie erfordert eine sorgfältige Planung und Zubereitung, um sicherzustellen, dass der Hund alle benötigten Nährstoffe erhält. Es besteht auch ein Risiko für bakterielle Kontamination durch rohes Fleisch.

Hausgemachtes Futter

Hausgemachtes Futter kann zeitaufwendig sein und erfordert eine sorgfältige Planung und Kenntnisse über Hundenährung, um sicherzustellen, dass es ausgewogen ist und alle notwendigen Nährstoffe enthält. Es kann auch schwierig sein, die richtige Nährstoffzusammensetzung und Kalorienzufuhr zu erreichen, insbesondere für Welpen, trächtige oder stillende Hündinnen und Hunde mit bestimmten gesundheitlichen Bedingungen.

Bei unsachgemäßer Zubereitung kann es zu ernährungsbedingten Mängeln oder Überschüssen kommen, die die Gesundheit Ihres Hundes beeinträchtigen können.

Wie wählt man das richtige Futter aus?

Bei der Auswahl des richtigen Futters für Ihren Hund sollten Sie mehrere Faktoren berücksichtigen. Dazu gehören die Größe, Rasse und das Alter Ihres Hundes, sein Aktivitätsniveau, eventuelle gesundheitliche Bedenken und natürlich seine persönlichen Vorlieben.

Größere Hunde und aktive Hunde benötigen mehr Kalorien, während kleinere oder weniger aktive Hunde weniger Kalorien benötigen. Einige Rassen haben spezifische ernährungsbedingte Bedürfnisse oder sind anfälliger für bestimmte Gesundheitsprobleme, die durch die Ernährung beeinflusst werden können.

Wenn Ihr Hund gesundheitliche Probleme hat, wie Allergien, Magen-Darm-Probleme, Nierenprobleme oder Übergewicht, sollten Sie ein Futter wählen, das speziell auf seine Bedürfnisse zugeschnitten ist. In diesen Fällen ist es besonders wichtig, mit Ihrem Tierarzt oder einem Tierernährungsberater zusammenzuarbeiten, um die beste Ernährungsstrategie zu finden.

Letztendlich sollte das beste Futter für Ihren Hund eine ausgewogene Versorgung mit allen notwendigen Nährstoffen bieten, zu seinem Lebensstil und seinen gesundheitlichen Bedürfnissen passen und natürlich auch etwas sein, das er gerne frisst.

Lesen von Futtermittel-Etiketten: Ein Leitfaden

Die Auswahl des richtigen Futters für Ihren Hund ist von größter Bedeutung für seine Gesundheit und sein Wohlbefinden. Eine der Schlüsselinformationen, die bei dieser Entscheidung helfen können, sind die Angaben auf dem Etikett des Hundefutters. Das Lesen und Verstehen dieser Etiketten kann jedoch verwirrend sein. Dieser Artikel soll Ihnen helfen, die grundlegenden Elemente eines Hundefutteretiketts zu verstehen.

Produktname

Der Produktname kann oft den ersten Hinweis auf den Inhalt des Futters geben. Wenn der Name eine spezifische Fleischsorte enthält (zum Beispiel „Hühnerfutter"), bedeutet dies in der Regel, dass mindestens 25% des Produkts aus diesem Fleisch bestehen.

Zutatenliste

Die Zutatenliste gibt Aufschluss darüber, was im Futter enthalten ist. Sie ist in absteigender Reihenfolge nach Gewicht sortiert, das heißt, die Zutat, die am meisten im Produkt enthalten ist, steht an erster Stelle. Achten Sie auf Produkte, die Fleisch oder Fleischmehl als erste Zutaten auflisten, da Hunde Protein benötigen.

Beachten Sie, dass die Bezeichnungen auf der Zutatenliste manchmal verwirrend sein können. „Fleisch" bezieht sich auf Muskelfleisch, während „Fleischnebenerzeugnisse" oder „tierische Nebenerzeugnisse" auf andere Teile des Tieres wie Innereien verweisen können.

Nährstoffanalyse

Die Nährstoffanalyse gibt den Prozentsatz von Proteinen, Fetten, Ballaststoffen und Wasser im Futter an. Der Protein- und Fettgehalt kann stark variieren, abhängig davon, ob es sich um ein Futter für Welpen, ausgewachsene oder ältere Hunde handelt. Welpen und aktive Hunde benötigen mehr Protein und Fett, während ältere oder weniger aktive Hunde davon weniger benötigen.

Nährstoffgarantie

In vielen Ländern ist es gesetzlich vorgeschrieben, dass Hundefutter bestimmte Mindestmengen an Nährstoffen enthält. Diese Informationen finden Sie in der Regel unter der „Nährstoffgarantie". Sie gibt den minimalen Prozentsatz an Protein und Fett sowie den maximalen Prozentsatz an Ballaststoffen und Wasser an.

Fütterungsempfehlungen

Diese Anleitung ist wichtig, um eine Vorstellung davon zu bekommen, wie viel Sie Ihrem Hund jeden Tag füttern sollten. Aber denken Sie daran, dass diese Empfehlungen allgemeine Richtlinien sind. Der spezifische Bedarf Ihres

Hundes kann variieren, je nach Alter, Größe, Rasse, Gesundheitszustand und Aktivitätsniveau. Auch muss darauf hingewiesen werden, dass die Futtermittelhersteller natürlich am Verkauf ihrer Produkte interessiert sind, mitunter werden eher zu große als zu geringe Mengen empfohlen.

Lebensmittelzusatzstoffe

Lebensmittelzusatzstoffe wie Konservierungsstoffe, Farbstoffe und Geschmacksverstärker sind oft in Hundefutter enthalten. Während einige davon sicher und notwendig sind, um das Futter frisch und schmackhaft zu halten, können andere potenziell schädlich sein. Versuchen Sie, Produkte zu vermeiden, die künstliche Farbstoffe, Süßstoffe und Konservierungsstoffe enthalten.

Angaben zur Herkunft und Herstellung

Einige Etiketten können auch Angaben zur Herkunft der Zutaten und zur Herstellung des Futters enthalten. Dies kann wichtig sein, wenn Sie besonderen Wert auf Futter aus nachhaltiger Produktion oder mit lokal bezogenen Zutaten legen.

Zusammenfassung

Das Verstehen von Futtermittel-Etiketten ist ein wesentlicher Schritt, um sicherzustellen, dass Ihr Hund eine ausgewogene und gesunde Ernährung erhält. Während es zunächst überwältigend erscheinen mag, kann das Wissen über die Bedeutung von Produktname, Zutatenliste, Nährstoffanalyse, Nährstoffgarantie und Fütterungsempfehlungen dazu beitragen, informierte Entscheidungen über das Futter Ihres Hundes zu treffen.

Gewichtsmanagement und Überfütterung bei Hunden: Ein Leitfaden zur Erhaltung eines gesunden Gewichts

Die Erhaltung eines gesunden Gewichts ist für das Wohlbefinden Ihres Hundes von entscheidender Bedeutung. Leider sind Überfütterung und Fettleibigkeit häufige Probleme bei Hunden, die ernsthafte gesundheitliche Probleme verursachen können. Dieser Artikel soll Ihnen dabei helfen, die Auswirkungen von Überfütterung zu verstehen und Strategien zur Erhaltung eines gesunden Gewichts Ihres Hundes zu erlernen.

Auswirkungen der Überfütterung und Fettleibigkeit

Überfütterung und Fettleibigkeit können eine Reihe von Gesundheitsproblemen bei Hunden verursachen. Dazu gehören Diabetes, Herzkrankheiten, Gelenkprobleme und eine verkürzte Lebenserwartung. Fettleibige Hunde können auch Schwierigkeiten bei körperlichen Aktivitäten haben und sind anfälliger für Hitzeunverträglichkeit und Atemprobleme.

Erkennen von Überfütterung und Fettleibigkeit

Um festzustellen, ob Ihr Hund überfüttert oder fettleibig ist, sollten Sie sowohl sein Gewicht als auch seine Körperform beachten. Ein gesunder Hund sollte eine gut definierte Taille haben und Sie sollten in der Lage sein, seine Rippen zu fühlen, aber nicht zu sehen. Wenn Sie diese Merkmale nicht erkennen können, ist Ihr Hund möglicherweise übergewichtig.

Vorbeugung und Management von Überfütterung und Fettleibigkeit

Um Überfütterung und Fettleibigkeit zu vermeiden, ist es wichtig, eine ausgewogene Ernährung und regelmäßige körperliche Aktivität sicherzustellen. Hier sind einige Strategien, die Sie anwenden können:

Fütterungsempfehlungen beachten: Die auf der Verpackung des Hundefutters angegebenen Fütterungsempfehlungen sind ein guter Ausgangspunkt, um zu bestimmen, wie viel Futter Ihr Hund täglich benötigt. Beachten Sie jedoch, dass diese Empfehlungen je nach Alter, Größe, Rasse und Aktivitätsniveau Ihres Hundes angepasst werden müssen.

Regelmäßige Mahlzeiten: Anstatt Ihrem Hund den ganzen Tag über Zugang zu Futter zu gewähren, sollten Sie feste Fütterungszeiten einplanen. Dies hilft Ihnen, die Menge an Nahrung zu kontrollieren, die Ihr Hund konsumiert, und verhindert Überfütterung.

Ausgewogene Ernährung: Stellen Sie sicher, dass das Futter Ihres Hundes eine ausgewogene Mischung aus Proteinen, Kohlenhydraten und Fetten sowie die notwendigen Vitamine und Mineralien enthält. Vermeiden Sie es, Ihrem Hund zu viele Leckereien oder Tischabfälle zu geben, da diese oft reich an Kalorien und arm an Nährstoffen sind.

Regelmäßige Bewegung: Sorgen Sie dafür, dass Ihr Hund regelmäßig körperliche Aktivität erhält. Dies kann Spaziergänge, Spiele im Park, Agility-Training oder andere Formen der Bewegung umfassen. Regelmäßige Bewegung hilft nicht nur, das Gewicht Ihres Hundes zu kontrollieren, sondern ist auch wichtig für seine allgemeine Gesundheit und sein Wohlbefinden.

Kontrollierte Leckerlies: Es ist völlig in Ordnung, Ihrem Hund gelegentlich ein Leckerli zu geben, aber es ist wichtig, dabei Maß zu halten. Leckerlies sollten nicht mehr als 10% der täglichen Kalorienaufnahme Ihres Hundes ausmachen. Achten Sie außerdem darauf, kalorienarme und gesunde Leckerlies zu wählen.

Regelmäßige Gewichtskontrollen: Es ist empfehlenswert, das Gewicht Ihres Hundes regelmäßig zu kontrollieren, um frühzeitig Anzeichen einer Gewichtszunahme zu erkennen. Falls Sie eine stetige Gewichtszunahme feststellen, sollten Sie sich an Ihren Tierarzt wenden, um die Ursachen zu ermitteln und einen Plan zur Gewichtsreduktion zu erstellen.

Spezielle Ernährungsbedürfnisse bei Hunden: Informationen zur Ernährung bei gesundheitlichen Problemen

Hunde, ähnlich wie Menschen, können unter gesundheitlichen Bedingungen leiden, die spezielle diätetische Anforderungen erfordern. Dieser Artikel gibt einen Überblick über einige gängige Gesundheitsprobleme bei Hunden, die eine spezielle Ernährung erfordern, einschließlich Allergien, Diabetes, Herzkrankheiten und Nierenproblemen.

Allergien

Einige Hunde können allergisch oder intolerant gegen bestimmte Arten von Nahrungsmitteln sein. Die häufigsten Allergene sind Rind, Huhn, Weizen, Mais, Soja, Milch und Eier. Symptome einer Nahrungsmittelallergie können Hautausschläge, Juckreiz, Verdauungsprobleme und mehr umfassen. Bei Verdacht auf eine Nahrungsmittelallergie sollte ein Tierarzt konsultiert werden, der eine Ausschlussdiät empfehlen kann, um das Allergen zu identifizieren. Danach sollte eine hypoallergene Ernährung eingeführt werden, die das Allergen ausschließt.

Diabetes

Diabetes mellitus ist eine häufige Erkrankung bei Hunden, die eine Anpassung der Ernährung erfordert. Eine ausgewogene, niedrig glykämische Ernährung, die reich an komplexen Kohlenhydraten und Ballaststoffen ist, kann helfen, den Blutzuckerspiegel zu regulieren und Gewichtsmanagement zu fördern. Es ist wichtig, dass die Fütterungszeiten und -mengen konsistent bleiben, um einen stabilen Blutzuckerspiegel zu gewährleisten.

Herzerkrankungen

Bei Hunden mit Herzerkrankungen kann eine spezielle Ernährung helfen, die
Belastung des Herzens zu verringern. Diese Ernährungen sind oft niedrig in
Natrium, um Flüssigkeitsansammlungen zu reduzieren, und reich an Omega-
3-Fettsäuren, um Entzündungen zu bekämpfen. Sie können auch eine moderat
eingeschränkte Proteinmenge, aber aus hochwertigen Quellen enthalten.

Nierenprobleme

Hunde mit Nierenerkrankungen benötigen eine spezielle Ernährung, die dazu
beiträgt, die Belastung der Nieren zu reduzieren. Diese Ernährungen sind typischerweise niedrig in Phosphor und Protein, aber das enthaltene Protein ist
von hoher Qualität. Sie können auch erhöhte Mengen an Omega-3-Fettsäuren
enthalten, die entzündungshemmende Eigenschaften haben.

**Leckerlis und Belohnungen bei Hunden: Ihre Rolle in Ernährung und Trai-
ning**

Leckerlis und Belohnungen spielen eine wichtige Rolle in der Ernährung und
im Training von Hunden. Sie können als Anreiz für gutes Verhalten dienen
und helfen, das Training effektiver zu machen. Jedoch sollten sie verantwortungsbewusst verwendet werden, um Überfütterung und Ernährungsun-
gleichgewichte zu vermeiden. Dieser Artikel wird die Rolle von Leckerlis in
der Ernährung und im Training eines Hundes diskutieren und wie sie richtig
verwendet werden sollten.

Die Rolle von Leckerlis in der Ernährung eines Hundes

Leckerlis können eine wertvolle Ergänzung zur Ernährung eines Hundes sein,
solange sie in Maßen gegeben werden. Sie können zusätzliche Nährstoffe
liefern und dazu beitragen, die Nahrungsaufnahme angenehmer zu gestalten.
Es ist jedoch wichtig zu beachten, dass Leckerlis nicht die Hauptnahrungs-
quelle eines Hundes sein sollten. Sie sollten nicht mehr als 10% der täglichen
Kalorienaufnahme eines Hundes ausmachen, da sie sonst zu Gewichtszunahme und Ernährungsungleichgewichten führen können.

Die Rolle von Leckerlis im Training eines Hundes

Im Training können Leckerlis als positive Verstärkung verwendet werden, um gutes Verhalten zu belohnen. Sie können dazu beitragen, das Lernen zu beschleunigen und das Training angenehmer zu gestalten. Es ist jedoch wichtig, sie klug zu verwenden und nicht jedes geringste gute Verhalten mit einem Leckerli zu belohnen, um eine Abhängigkeit zu vermeiden.

Richtiger Einsatz von Leckerlis

Hier sind einige Tipps für den richtigen Einsatz von Leckerlis:

Wählen Sie gesunde Leckerlis: Viele kommerzielle Leckerlis sind reich an Fett und Zucker und können zu Gewichtszunahme und gesundheitlichen Problemen führen. Wählen Sie stattdessen gesunde Optionen wie Obst- und Gemüsestücke, mageres Fleisch oder speziell zubereitete Hunde-Leckerlis, die reich an Proteinen und Ballaststoffen sind.

Verwenden Sie kleine Portionen: Bei der Verwendung von Leckerlis im Training ist es oft effektiver, kleine Portionen zu verwenden. Kleine Leckerlis sind weniger wahrscheinlich, Gewichtszunahme zu verursachen, und Ihr Hund wird wahrscheinlich ebenso erfreut sein, ein kleines Leckerli zu erhalten, wie ein großes.

Variieren Sie die Leckerlis: Variieren Sie die Art der Leckerlis, die Sie Ihrem Hund geben, um ihn zu motivieren und ihm eine Vielfalt von Geschmacksrichtungen und Nährstoffen zu bieten.

Integrieren Sie Leckerlis in das Training (Fortsetzung): Vermeiden Sie es, Leckerlis als Bestechung zu verwenden, da dies dazu führen kann, dass Ihr Hund nur dann gehorcht, wenn er eine Belohnung erwartet. Es ist wichtig, dass Ihr Hund lernt, auf Ihre Anweisungen zu hören, auch wenn kein Leckerli in Aussicht ist.
Die Rolle von Leckerlis bei speziellen Ernährungen

Falls Ihr Hund eine spezielle Ernährung aufgrund von gesundheitlichen Bedingungen oder Gewichtsmanagement einhalten muss, ist es besonders wichtig, geeignete Leckerlis zu wählen. Es gibt eine Reihe von Leckerlis auf dem Markt, die speziell für Hunde mit bestimmten Gesundheitszuständen, wie Diabetes oder Nierenerkrankungen, formuliert sind. Es ist wichtig, dass die Leckerlis, die Sie auswählen, die speziellen diätetischen Anforderungen Ihres Hundes erfüllen und nicht seine Gesundheit gefährden.

Gefährliche Lebensmittel für Hunde: Was Sie vermeiden sollten

Es ist verlockend, Ihren Hund mit Leckereien von Ihrem eigenen Teller zu verwöhnen, aber viele gängige Lebensmittel und Substanzen, die für Menschen sicher sind, können für Hunde giftig sein. Diese Lebensmittel können schwere gesundheitliche Probleme verursachen und in einigen Fällen sogar tödlich sein.

Schokolade und Kaffee

Schokolade und Kaffee enthalten Substanzen namens Methylxanthine (speziell Theobromin in Schokolade und Koffein in Kaffee), die für Hunde toxisch sind. In ausreichenden Mengen können sie Erbrechen, Durchfall, übermäßigen Durst und Harnabsatz, Hyperaktivität, abnormalen Herzrhythmus, Krämpfe und sogar den Tod verursachen. Dunkle Schokolade, Backschokolade und Kakaopulver sind besonders gefährlich, da sie höhere Mengen an Theobromin enthalten.

Zwiebeln und Knoblauch

Zwiebeln und Knoblauch, sowohl roh als auch gekocht, sind für Hunde toxisch. Sie enthalten Schwefelverbindungen, die die roten Blutkörperchen von Hunden schädigen können, was zu Anämie führen kann. Symptome können Schwäche, Apathie, blassrosa bis gelbliche Schleimhäute, beschleunigte Atmung und erhöhter Herzschlag sein.

Trauben und Rosinen

Die genaue Ursache ist noch unbekannt, aber der Verzehr von Trauben und Rosinen wurde mit akutem Nierenversagen bei Hunden in Verbindung gebracht. Auch kleine Mengen können giftig sein. Symptome können Erbrechen, Durchfall, Appetitlosigkeit und Lethargie umfassen.

Alkohol

Alkoholische Getränke und Lebensmittel, die Alkohol enthalten, können für Hunde toxisch sein. Alkohol kann das zentrale Nervensystem, das Herz und die Atmungsrate eines Hundes beeinträchtigen. Symptome können Erbrechen, Atembeschwerden, Koordinationsprobleme, Bewusstseinsveränderungen, Krämpfe und sogar den Tod umfassen.

Andere gefährliche Lebensmittel

Einige andere Lebensmittel, die für Hunde gefährlich sein können, umfassen Avocados, Macadamianüsse, Hefe, Xylitol (ein Süßstoff, der oft in zuckerfreien Lebensmitteln gefunden wird), und Obstkerne und -kerne, die Cyanid enthalten können, wie Apfelkerne, Pfirsich-, Pflaumen- und Kirschkerne.

Häufig gestellte Fragen zur Hundeernährung

1. Wie oft sollte ich meinen Hund füttern?

Die Häufigkeit der Fütterung kann je nach Alter, Rasse und Gesundheitszustand des Hundes variieren. Allgemein gilt jedoch, dass Welpen drei bis vier Mal am Tag gefüttert werden sollten, während ausgewachsene Hunde in der Regel ein bis zwei Mal am Tag gefüttert werden. Ältere Hunde können auch von kleineren, häufigeren Mahlzeiten profitieren.

2. Wie viel Futter sollte ich meinem Hund geben?

Die Menge des Futters hängt von vielen Faktoren ab, einschließlich der Größe, des Alters, der Rasse, des Aktivitätsniveaus und des Gesundheitszustandes des Hundes. In der Regel finden Sie auf der Verpackung des Hundefutters Fütterungsempfehlungen basierend auf dem Gewicht des Hundes. Es ist immer ratsam, den Rat Ihres Tierarztes einzuholen, um sicherzustellen, dass Ihr Hund die richtige Menge an Futter erhält.

3. Ist es in Ordnung, meinem Hund menschliches Essen zu geben?

Während einige menschliche Lebensmittel sicher für Hunde sind, können andere giftig sein. Es ist am besten, Ihrem Hund keine menschlichen Lebensmittel zu geben, es sei denn, Sie haben vorher recherchiert oder Ihren Tierarzt gefragt. Selbst dann sollten menschliche Lebensmittel nur gelegentlich als Leckerli und nicht als Ersatz für ein ausgewogenes Hundefutter gegeben werden.

4. Was soll ich tun, wenn mein Hund übergewichtig ist?

Wenn Ihr Hund übergewichtig ist, ist es wichtig, seine Kalorienaufnahme zu reduzieren und seine körperliche Aktivität zu erhöhen. Sie sollten auch mit Ihrem Tierarzt sprechen, um sicherzustellen, dass es keine zugrunde liegenden Gesundheitsprobleme gibt, die zum Gewichtsproblem beitragen könnten. Es gibt spezielle Ernährungfutter für Hunde, die dabei helfen können, das Gewicht zu reduzieren und gleichzeitig sicherzustellen, dass Ihr Hund alle notwendigen Nährstoffe erhält.

5. Ist Trockenfutter oder Nassfutter besser für meinen Hund?

Sowohl Trocken- als auch Nassfutter haben ihre Vor- und Nachteile. Trockenfutter ist bequem und kann dazu beitragen, die Zähne sauber zu halten, während Nassfutter hydratisierend ist und oft schmackhafter für Hunde ist. Die beste Wahl hängt von den spezifischen Bedürfnissen und Vorlieben Ihres Hundes ab. Manche Hundebesitzer entscheiden sich auch für eine Kombination aus beidem.

6. Gibt es bestimmte Lebensmittel, die ich vermeiden sollte?

Ja, es gibt bestimmte Lebensmittel, die für Hunde toxisch sein können, darunter Schokolade, Zwiebeln, Knoblauch, Trauben, Rosinen, Alkohol, Macadamianüsse und bestimmte Süßstoffe wie Xylitol. Wenn Ihr Hund eines dieser Lebensmittel gefressen hat, sollten Sie sofort einen Tierarzt aufsuchen.

7. Ist es gut, meinem Hund eine vegetarische oder vegane Ernährung zu geben?

Hunde sind omnivore Tiere, was bedeutet, dass sie sowohl pflanzliche als auch tierische Nahrung zu sich nehmen können. Allerdings sind sie evolutionär darauf ausgerichtet, ein gewisses Maß an tierischen Produkten in ihrer Nahrung zu haben. Eine vegetarische oder vegane Ernährung kann für Hunde schwieriger zu managen sein und erfordert eine sorgfältige Planung, um sicherzustellen, dass sie alle notwendigen Nährstoffe erhalten. Wenn Sie eine solche Ernährung in Erwägung ziehen, sollten Sie dies unbedingt mit einem Tierarzt oder einem Ernährungsberater für Tiere besprechen.

8. Wie erkenne ich, ob mein Hund eine Nahrungsmittelallergie hat?

Nahrungsmittelallergien bei Hunden können eine Vielzahl von Symptomen hervorrufen, einschließlich Juckreiz, Hautausschlägen, Magen-Darm-Problemen und mehr. Wenn Sie vermuten, dass Ihr Hund eine Nahrungsmittelallergie hat, sollten Sie einen Tierarzt aufsuchen. Er kann Tests durchführen und gegebenenfalls eine Ausschlussdiät vorschlagen, um zu bestimmen, auf welche Inhaltsstoffe Ihr Hund allergisch reagiert.

9. Sind rohe Ernährungen gut für meinen Hund?

Rohe Ernährungen, oft als BARF (Biologisch Artgerechtes Rohes Futter) bezeichnet, sind umstritten. Befürworter argumentieren, dass sie gesünder und natürlicher für den Hund sind. Kritiker weisen jedoch darauf hin, dass rohe Ernährungen das Risiko einer bakteriellen Kontamination erhöhen können und dass sie, wenn sie nicht richtig ausgeführt werden, zu Nährstoffungleichgewichten führen können. Wenn Sie eine rohe Ernährung für Ihren Hund in Erwägung ziehen, sollten Sie dies mit Ihrem Tierarzt oder einem Tierernährungsberater besprechen.

10. Wie kann ich die Qualität des Hundefutters beurteilen?

Um die Qualität des Hundefutters zu beurteilen, können Sie zunächst die Zutatenliste und die Nährstoffinformationen auf dem Etikett überprüfen. Qualitativ hochwertiges Hundefutter sollte eine identifizierbare Fleischquelle als Hauptzutat haben und wenig bis keine Füllstoffe wie Mais oder Weizen enthalten. Sie können auch nach AAFCO (Association of American Feed Control Officials) Zertifizierungen suchen, die darauf hinweisen, dass das Futter den Nährstoffstandards entspricht. Online-Bewertungen und die Beratung durch einen Tierarzt können ebenfalls hilfreich sein.

Die Hersteller sind auf den Zug aufgesprungen!

Den Futtermittelproduzenten ist nicht entgangen, dass wir Hundehalter inzwischen großen Wert auf die **richtige** Ernährung unserer Tiere legen. Wir möchten, dass die jeweilige Packung genau das enthält, was unsere Hunde an Energie und Nährstoffen benötigen. Die Industrie weiß aber auch, dass viele von uns sich dabei schwer tun, die richtige Zusammenstellung zu erarbeiten.

Und da kommen die Marketing-Experten ins Spiel: sie haben Tools entwickelt, mit denen wir online ganz bequem zumindest ausrechnen können, wieviel Energie unser Hund so benötigt. Dazu geben wir ein paar Informationen über unser Tier am Bildschirm ein und schon rattert die Werbemühle: bei einem Anbieter wird sogar der Name meines Hundes abgefragt, damit auf der Folgeseite dann werbewirksam genau dieser Name auf der scheinbar fertig gemixten Futtertüte steht. Das Futter ist ja echt für meinen Bello gemacht, denkt so mancher dann. Aber stimmt das?

Ich habe den (nicht repräsentativen) Selbstversuch gemacht und die Daten zu meinen Hund auf verschiedenen Anbieterseiten exemplarisch eingegeben und fest damit gerechnet, nahezu identische Ergebnisse zu erzielen.

Das Resultat: ernüchternd! Für mein Tier wurden Werte zwischen 1272 und 1886 kcal ausgegeben, wobei ich bei einem Anbieter den Wert erst aus den dort angegebenen MJ* errechnen musste. Die Spanne: erschreckend! Interessant: Alle Empfehlungen lagen über dem, was eine vertrauenswürdige Tierärztliche Ernährungsberatung, die selbst kein Alleinfutter verkauft, empfiehlt.

Mehr Futter = Mehr Umsatz?!
Die Grafik unten zeigt die unfassbaren Abweichungen.
Bitte zieh` deine eigenen Schlüsse daraus...

*MJ = Megajoule

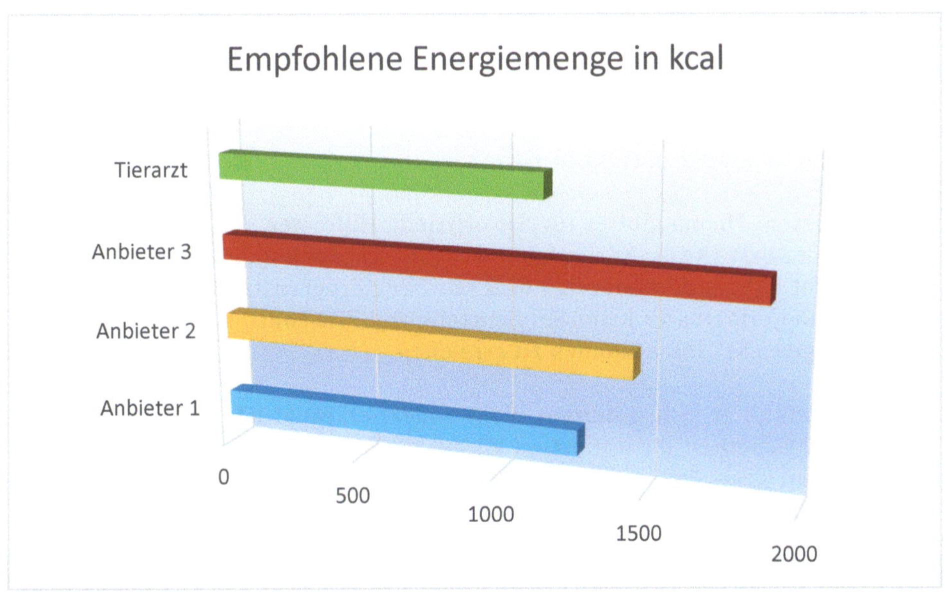

Zu dünn, zu dick oder perfekt in Form?

Auch zu diesem Thema gibt es für Sie offizielle Hilfe: den sogenannten Körperkonditionswert (KKI = Körperkonditionsindex), der angibt ob ein Hund Idealgewicht hat, zu dünn oder zu dick ist. Der Körperzustand wird anhand optischer und ertastbarer Kriterien beurteilt und Ziel sollte immer sein, das sog. „Idealgewicht" Ihres Hundes zu erreichen.

Denn damit fühlt er sich, sofern er nicht anders erkrankt ist, wohl und agil und hat mit sicherheit die optimalen Voraussetzungen für ein fröhliches, erfülltes Leben.

Also los, checken wir mal, wie es bei Ihrem Hund aussieht!

Sehr dünn

Rippen: leicht zu ertasten, keine Fettschicht darüber
Schwanzansatz: Hervorstehende Knochen, kein Gewebe zwischen Haut und Knochen
Seitenansicht: Die Flanken sind stark eingefallen
Ansicht von oben: Ausgeprägte Form einer Sanduhr

Untergewicht

Rippen: leicht zu ertasten, keine Fettschicht darüber
Schwanzansatz: Hervorstehende Knochen, minimale Gewebeschicht zwischen Haut und Knochen
Seitenansicht: Die Flanken sind eingefallen
Ansicht von oben: Sichtbare Form einer Sanduhr

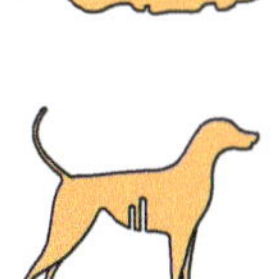

Idealgewicht

Rippen: leicht zu ertasten, leicht dünne Fettschicht
Schwanzansatz: Glatte Kontur, Knochen können aber unter dünner Fettschicht gefühlt werden
Seitenansicht: Die Flanken sind leicht eingefallen
Ansicht von oben: Gut proportionierte Taille

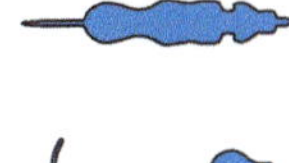

Übergewicht

Rippen: schwer zu ertasten, mäßige Fettschicht darüber
Schwanzansatz: Gewisse Verdickung, Knochen sind aber unter mäßiger Fettschicht ertastbar
Seitenansicht: Keine Flankengrube oder Taille
Ansicht von oben: Rücken ist leicht verbreitert

Fettsucht

Rippen: schwer zu ertasten, dicke Fettschicht darüber
Schwanzansatz: Verdickt und unter dicker Fettschicht schwer zu ertasten
Seitenansicht: Fett hängt vom Bauch herab, keine Taille zu erkennen
Ansicht von oben: Der Rücken ist leicht verbreitert

Gut investiertes Geld!

Haben Sie sich jemals gefragt, wie Sie Ihrem vierbeinigen Freund noch besser unterstützen können? Nein, es geht hier nicht um zusätzliche Streicheleinheiten oder modische Hundekleidung. Es geht um etwas, das das Wohlbefinden Ihres Hundes auf ein neues Niveau heben kann: Professionelle Ernährungsberatung für Hunde. Genau so ist es. Bevor Sie nun denken: „Soll ich dafür auch noch 100 bis 200 Euro ausgeben?", lassen Sie mich erklären, warum dies die beste Investition sein könnte, die Sie für Ihren Liebling tätigen könnten.

Denken Sie einmal darüber nach, wie oft Sie Ihren Hund schon mit einem bestimmten Leckerli bestochen haben, damit er den Ball holt oder aufhört, Ihre neuen Schuhe anzunagen. Und wie oft haben Sie ihm einfach das gegeben, was auf der Rückseite der Verpackung steht, ohne wirklich zu wissen, ob das gut für ihn ist? Möglicherweise häufiger, als Sie zugeben möchten. Hier kommt die professionelle Ernährungsberatung ins Spiel.

Ein Ernährungsberater ist vergleichbar mit einem persönlichen Koch, Arzt*
und Trainer in einem. Dieser Fachmann analysiert genau, was Ihr Hund benötigt, basierend auf Rasse, Alter, Gewicht, Aktivitätsniveau und Gesundheitszustand. Anschließend erstellt der Berater einen individuellen Ernährungsplan,
der sicherstellt, dass Ihr Hund alle notwendigen Nährstoffe erhält und nichts,
was ihm schaden könnte.

Sie fragen sich vielleicht: „Warum sollte ich dafür Geld ausgeben?" Denken
Sie daran, wie viel Sie schon für Tierarztrechnungen ausgegeben haben, weil
Ihr Hund Durchfall hatte oder sich unwohl gefühlt hat? Wie oft haben Sie
sich Sorgen gemacht, ob er wirklich gesund ist? Mit einer professionellen
Ernährungsberatung können Sie viele dieser Probleme vermeiden. Denn ein
gut ernährter Hund ist auch ein gesunder und glücklicher Hund. Das ist doch
unbezahlbar, oder?

Darüber hinaus sind 100 bis 200 Euro im Vergleich zu dem, was man dafür
erhält, nicht wirklich viel. Sie geben wahrscheinlich mehr für Hundespielzeug
aus, das Ihr Liebling in Sekundenschnelle zerstört. Warum also nicht in etwas
investieren, das nachhaltiger ist und Ihrem Hund tatsächlich hilft?

In diesem Sinne ist eine professionelle Ernährungsberatung für Ihren Hund
nicht nur eine gute Idee, sondern eine großartige Investition. Sie unterstützt
Sie dabei, Ihrem Hund das bestmögliche Leben zu ermöglichen und ihn vor
Gesundheitsproblemen zu schützen. Und das Beste daran? Sie können sich
sicher sein, dass Sie alles richtig machen. Denn Sie haben einen Fachmann an
Ihrer Seite, der Sie unterstützt. Worauf warten Sie also noch? Ihr Hund wird
es Ihnen danken!

*Bitte beachten Sie, dass bei einem potenziell kranken Hund der Berater
allein nicht helfen kann. Er wird einen Tierarzt zu Rate ziehen oder Sie direkt
an einen solchen verweisen!

Auch sehr wichtig: die Pflege rundum

Der Pomsky ist mit seinem plüschigen Fell, den strahlenden Augen und seinem ausdrucksstarken Gesicht nicht nur ein echter Hingucker – er braucht auch regelmäßige Pflege, um sich wohlzufühlen und gesund zu bleiben. Gerade weil der Pomsky ein Hybrid aus dem langhaarigen Siberian Husky und dem üppig behaarten Pomeranian ist, bringt er in Sachen Fell und Pflege gewisse Anforderungen mit sich.

Doch keine Sorge: Mit einem gut abgestimmten Pflegeplan wird aus der Fellpflege schnell ein gemeinsames Ritual, das die Bindung stärkt und für beide Seiten angenehm ist.

Fellpflege – Flausch ja, Filz nein!
Das auffälligste Merkmal vieler Pomsky ist ihr wunderschönes, oft mittellanges bis langes Fell mit dichter Unterwolle. Diese Fellstruktur ist nicht nur

hübsch anzusehen, sondern auch funktional – sie schützt den Hund vor Kälte, Hitze und Nässe. Allerdings neigt das Fell bei mangelnder Pflege zu Verfilzungen und übermäßigem Haarverlust.

Das solltest du beachten:

Regelmäßig bürsten:
Mindestens 2–3 Mal pro Woche, während des Fellwechsels (Frühling und Herbst) auch täglich. Ideal sind eine Unterwollbürste und ein Entfilzungskamm.

Fellwechsel ernst nehmen:
Pomsky haaren zweimal jährlich intensiv. In dieser Zeit hilft tägliches Bürsten dabei, lose Unterwolle zu entfernen und die Haut gesund zu halten.

Baden nur bei Bedarf:
Ein bis zwei Bäder pro Jahr reichen oft aus – es sei denn, der Hund hat sich stark verschmutzt. Verwende ausschließlich mildes Hundeshampoo, um die schützende Hautbarriere nicht zu stören.

Scheren? Lieber nicht!
Das Fell schützt den Pomsky auch im Sommer vor Hitze. Ein radikaler Rückschnitt kann zu Hautproblemen führen. Besser: regelmäßig ausdünnen, aber nicht komplett scheren.

Augenpflege – Alles im Blick behalten
Viele Pomsky haben helle, empfindliche Augen, besonders bei Husky-vererbtem Genmaterial. Tränende Augen oder kleine Ablagerungen sind häufig und meist harmlos – sollten aber gepflegt werden.

Pflege-Tipp:

Mit einem weichen, fusselfreien Tuch (am besten mit warmem Wasser oder speziellem Augenreiniger) regelmäßig den Augenbereich reinigen.

Achte auf Rötungen, Geruch oder starken Ausfluss – das sollte ein Tierarzt abklären.

Ohrenpflege – Leise Kontrolle
Pomsky haben meist aufrechtstehende Ohren wie der Husky oder leicht rundlichere wie der Zwergspitz. In jedem Fall brauchen die Ohren regelmäßige Kontrolle und Reinigung, um Infektionen vorzubeugen.

Das hilft:
Wöchentlich Ohren kontrollieren: Sind sie sauber, geruchsfrei und ohne Rötung?

Bei Bedarf mit einem sanften Ohrenreiniger für Hunde und einem Wattepad reinigen – niemals tief ins Ohr gehen!

Bei häufigem Kratzen oder Kopfschütteln: Tierarztbesuch!

Zahnpflege – Für ein gesundes Hundegrinsen
Kleine bis mittelgroße Rassen wie der Pomsky neigen häufiger zu Zahnstein, Zahnfleischentzündungen und Maulgeruch. Regelmäßige Zahnpflege ist deshalb ein absolutes Muss!

Das kannst du tun:

Zähneputzen – am besten mehrmals pro Woche, mit Hundezahnbürste und spezieller Hundezahnpasta

Alternativen: Zahnpflege-Kaustreifen, Kauwurzeln oder Dentalspielzeug

Regelmäßige Kontrolle beim Tierarzt – evtl. professionelle Zahnreinigung ab dem mittleren Alter

Pfotenpflege – Schritt für Schritt gut versorgt
Ob auf heißem Asphalt, im Schnee oder auf Waldwegen: Die Pfoten deines Pomsky leisten täglich ganze Arbeit – und verdienen Pflege.

Worauf du achten solltest:
Krallen regelmäßig kürzen, wenn sie nicht natürlich ablaufen – zu lange Krallen können Schmerzen verursachen
Ballenhaut checken: Risse, Trockenheit oder kleine Fremdkörper entfernen
Im Winter: Pfotenbalsam oder Vaseline auftragen, um vor Streusalz und Kälte zu schützen
Nach Spaziergängen: Pfoten auf Zecken oder kleine Schnitte untersuchen

Zusätzliche Tipps für die Rundum-Pfleg
Gewöhne deinen Pomsky früh an Pflegeprozeduren – je früher, desto entspannter wird er später mitbürsten, baden und kontrollieren.

Rituale schaffen: Feste Pflegezeiten, sanfte Berührungen und kleine Belohnungen machen die Körperpflege zum positiven Erlebnis.

Pflegezeit = Bindungszeit: Nutze das Bürsten oder Ohrenreinigen als Gelegenheit zur Entspannung, Nähe und Aufmerksamkeit.

Fazit: Pflege mit Herz und Verstand
Der Pomsky ist ein kleiner Pflegeprinz – aber kein Pflegefall. Mit der richtigen Ausrüstung, einem klaren Rhythmus und liebevoller Konsequenz bleibt dein flauschiger Freund nicht nur schön anzusehen, sondern auch gesund, zufrieden und ausgeglichen.

Denn gepflegt zu werden bedeutet für den Hund nicht nur körperliches Wohlbefinden – sondern vor allem:
Ich werde gesehen, berührt und umsorgt.
Und das ist für einen Pomsky mindestens genauso wichtig wie ein glänzendes Fell.

Noch ein Wichtiges Thema: Gesundheit

Die häufigsten Hundekrankheiten richtig erkennen und handeln.

Wie bei uns Menschen können auch unsere treuen Vierbeiner von verschiedenen Krankheiten betroffen sein. Einige können gut behandelt werden, während andere nur begrenzt oder gar nicht behandelbar sind.

In solchen Situationen ist es wichtig, Ihrem Hund zu helfen, mit der Krankheit zu leben. In diesem Kapitel erfahren Sie mehr über die gängigsten Hundekrankheiten, wie Sie ihre Symptome erkennen können und welche Maßnahmen Sie ergreifen können, um Ihrem Hund zu helfen.

Zwingerhusten: Symptome und Behandlungsmöglichkeiten

Zwingerhusten, auch als infektiöse Tracheobronchitis bekannt, ist eine weit verbreitete Atemwegserkrankung bei Hunden. Der Name „Zwingerhusten" stammt daher, dass die Krankheit häufig in Umgebungen auftritt, in denen viele Hunde zusammenleben, wie zum Beispiel in Tierheimen oder Hundezwingern. Es ist eine hoch ansteckende Erkrankung, die durch verschiedene Viren und Bakterien, darunter das Canine Parainfluenzavirus und Bordetella bronchiseptica, verursacht wird.

Symptome von Zwingerhusten

Die Symptome von Zwingerhusten sind in erster Linie Atemwegssymptome und können in der Schwere variieren. Typischerweise zeigen sich folgende Anzeichen:

Husten: Der auffälligste und markanteste Hinweis auf Zwingerhusten ist ein trockener, starker Husten. Dieser Husten kann so intensiv sein, dass er oft mit einem Würgen oder Erbrechen endet.

Nasenausfluss: Bei einigen Hunden kann ein klarer oder eitriger Nasenausfluss auftreten.

Fieber: In einigen Fällen kann es zu leichtem Fieber kommen.

Appetitlosigkeit und Lethargie: Einige Hunde können ihren Appetit verlieren und scheinen insgesamt weniger aktiv oder energiegeladen zu sein.

Atemnot: In schweren Fällen kann Zwingerhusten zu Atemnot führen.

Es ist wichtig zu beachten, dass einige Hunde, die mit den Erregern von Zwingerhusten infiziert sind, nur geringe oder gar keine Symptome zeigen können. Solche Hunde können jedoch immer noch die Krankheitserreger auf andere Hunde übertragen.

Behandlung von Zwingerhusten

Die Behandlung von Zwingerhusten konzentriert sich in erster Linie auf die Linderung der Symptome und die Unterstützung des Immunsystems des Hundes, um die Infektion zu bekämpfen.

In vielen milden Fällen erfordert Zwingerhusten keine spezifische medizinische Behandlung und kann sich innerhalb von ein bis zwei Wochen von selbst lösen. Es ist jedoch wichtig, dass der Hund während dieser Zeit ausreichend Ruhe bekommt und gut hydratisiert bleibt.

Bei stärkeren Symptomen kann der Tierarzt eine Reihe von Behandlungen verschreiben, darunter Hustenmittel, Antibiotika (um bakterielle Infektionen zu behandeln), und in einigen Fällen Bronchodilatatoren oder Steroide.

Prävention von Zwingerhusten

Die effektivste Methode zur Vorbeugung von Zwingerhusten ist die Impfung. Es gibt sowohl intranasale als auch injizierbare Impfstoffe, die gegen die gängigsten Erreger von Zwingerhusten schützen. Während die Impfung keinen 100%igen Schutz bietet, kann sie dazu beitragen, dass die Krankheit bei einem infizierten Hund milder verläuft.

Räude: Symptome und Therapieoptionen

Räude ist eine Hautkrankheit bei Hunden, die durch winzige Milben verursacht wird. Diese Parasiten graben sich in die Haut des Tieres ein und lösen starke Entzündungsreaktionen aus. Es gibt verschiedene Arten von Räudemilben, die jeweils unterschiedliche Formen von Räude verursachen, darunter die Sarcoptes-Räude (auch bekannt als Scabies) und die Demodikose. Beide Formen können je nach Stadium und Schweregrad verschiedene Symptome verursachen und erfordern eine spezifische Behandlung.

Symptome der Räude

Juckreiz: Dies ist das auffälligste Symptom bei der Räude. Hunde mit Räude kratzen, beißen und lecken sich häufig an den betroffenen Stellen, was oft zu Wunden und Hautentzündungen führt.

Haarausfall und Hautveränderungen: Bei Räude tritt oft ein verstärkter Haarausfall auf, insbesondere an den Ohren, Ellenbogen und am Bauch. Die Haut kann gerötet, verdickt und schuppig sein und einen unangenehmen Geruch entwickeln.

Sekundärinfektionen: Die ständige Reizung und das Kratzen können zu sekundären Hautinfektionen führen, die zu einer Verschlimmerung der Symptome führen können.

Behandlung der Räude

Die Behandlung der Räude konzentriert sich auf die Beseitigung der Milben und die Linderung der Symptome. Dies geschieht in der Regel durch die Anwendung von speziellen Medikamenten, die entweder oral, topisch (direkt auf die Haut) oder durch Injektion verabreicht werden. Einige dieser Medikamente töten die Milben direkt ab, während andere das Immunsystem des Hundes stärken, um die Milben zu bekämpfen. Je nach Art und Schweregrad der Räude kann die Behandlung mehrere Wochen bis Monate dauern.

Zusätzlich zur direkten Behandlung der Räude kann es notwendig sein, sekundäre Hautinfektionen mit Antibiotika oder antimykotischen Medikamenten zu behandeln. Zur Linderung des Juckreizes können entzündungshemmende Medikamente verabreicht werden.

Prävention von Räude

Die Vorbeugung gegen Räude beinhaltet in erster Linie die Vermeidung des Kontakts mit infizierten Tieren, da einige Formen von Räude (wie die Sarcoptes-Räude) hochgradig ansteckend sind. Regelmäßige Parasitenkontrollen, einschließlich der Anwendung von Floh- und Zeckenpräparaten, können ebenfalls helfen, Räude zu verhindern.

Wichtig ist auch, dass die Behandlung von Räude unter tierärztlicher Aufsicht erfolgen sollte, da eine falsche oder unzureichende Behandlung zu einer Verschlimmerung der Symptome und zu einer chronischen Erkrankung führen kann.

Magendrehung: Symptome und Behandlungsoptionen

Die Magendrehung, medizinisch als „Gastrische Dilatation-Volvulus" (GDV) bezeichnet, ist eine ernste und lebensbedrohliche Erkrankung, die bei Hunden auftreten kann. Diese tritt auf, wenn sich der Magen des Hundes aufbläht und dann um seine Achse dreht, wodurch der Magenausgang und die Rückkehr des Blutes zum Herzen blockiert werden. Ohne sofortige tierärztliche Behandlung kann diese Situation innerhalb weniger Stunden tödlich sein. Bestimmte Rassen, wie der Deutsche Schäferhund, die Dogge oder der Bernhardiner, sind aufgrund ihrer tiefen und breiten Brustkorbstruktur besonders gefährdet.

Symptome einer Magendrehung

Aufgeblähter Bauch: Eines der ersten Anzeichen einer Magendrehung ist ein stark vergrößerter und harter Bauch.

Unruhe und Unwohlsein: Hunde mit einer Magendrehung sind oft sehr unruhig und können Zeichen von Unwohlsein und Schmerzen zeigen, einschließlich Hecheln, Speicheln, Versuchen zu erbrechen (ohne Erfolg), und allgemeiner Schwäche.

Atembeschwerden: Da der aufgeblähte Magen gegen das Zwerchfell drückt, kann es zu Atemproblemen kommen, die sich in schneller und flacher Atmung äußern.

Schock: Bei fortgeschrittener GDV kann der Hund in einen Schockzustand geraten, der durch blasse Schleimhäute, schnellen Herzschlag, kalte Extremitäten und letztendlich Bewusstlosigkeit gekennzeichnet ist.

Behandlung der Magendrehung

Eine Magendrehung ist immer ein Notfall, der sofortige tierärztliche Hilfe erfordert. Die Behandlung besteht in der Regel aus zwei Phasen:

Stabilisierung: Zunächst wird versucht, den Zustand des Hundes zu stabilisieren, was die Gabe von intravenösen Flüssigkeiten und Medikamenten zur Schockbekämpfung beinhaltet. Manchmal wird auch ein Schlauch durch die Speiseröhre eingeführt, um Luft und Flüssigkeiten aus dem Magen zu entlassen und den Druck zu mindern.

Chirurgischer Eingriff: Sobald der Hund stabil ist, wird eine Operation durchgeführt, um den Magen zu entdrehen und in seine normale Position zu bringen. In vielen Fällen wird der Magen chirurgisch fixiert, um zukünftige Drehungen zu verhindern.

Prävention von Magendrehungen

Die Vorbeugung von Magendrehungen beinhaltet vor allem das Management der Fütterungsgewohnheiten. Es wird empfohlen, kleinere Mahlzeiten über den Tag verteilt zu füttern statt einer großen Mahlzeit, und körperliche Aktivität für mindestens eine Stunde nach dem Fressen zu vermeiden.

Hunde, die einem hohen Risiko ausgesetzt sind, können auch von einer prophylaktischen Operation profitieren, bei der der Magen an der Bauchwand fixiert wird, um eine mögliche Drehung zu verhindern. Diese Operation wird oft als „Gastropexie" bezeichnet und kann gleichzeitig mit der Kastration oder einem anderen Baucheingriff durchgeführt werden.

Es ist wichtig zu betonen, dass eine schnelle Erkennung und Behandlung von GDV lebensrettend sein kann. Wenn Sie also bemerken, dass Ihr Hund Anzeichen einer Magendrehung zeigt, suchen Sie sofort einen Tierarzt auf. Denken Sie daran, dass es sich um einen absoluten Notfall handelt - jede Sekunde zählt.

Parvovirose: Anzeichen und Behandlungsmöglichkeiten

Die Parvovirose ist eine äußerst ansteckende und oft tödliche Viruserkrankung, die insbesondere Welpen und nicht geimpfte Hunde betrifft. Die Krankheit wird durch das Canine Parvovirus (CPV) verursacht, das zwei Hauptformen hat: die intestinale und die kardiale. Die intestinale Form ist am weitesten verbreitet und zeichnet sich durch Symptome wie Durchfall, Erbrechen und Appetitlosigkeit aus. Die kardiale Form betrifft hauptsächlich Welpen und führt zu einer Entzündung des Herzmuskels, was oft tödlich ist.

Anzeichen und Symptome

Die Symptome der Parvovirose können je nach Form der Erkrankung variieren. Bei der intestinalen Form gehören dazu:

- Stark riechender, blutiger Durchfall
- Erbrechen
- Appetitlosigkeit
- Lethargie
- Fieber
- Dehydration

Die kardiale Form der Parvovirose kann Symptome wie Atemnot, geschwollene Gliedmaßen und plötzlichen Tod hervorrufen. Es ist wichtig zu beachten, dass Hunde, die eine Parvovirus-Infektion haben, schnell krank werden können und sofortige tierärztliche Versorgung benötigen.

Diagnose und Behandlung

Die Diagnose der Parvovirose basiert auf den klinischen Symptomen des Hundes, der Anamnese und Labortests, einschließlich eines Schnelltests auf Parvovirus im Stuhl.

Da es sich bei der Parvovirose um eine virale Erkrankung handelt, gibt es keine spezifische Heilung. Die Behandlung konzentriert sich daher auf die Linderung der Symptome und die Aufrechterhaltung der Funktionen des Körpers, während das Immunsystem den Virus bekämpft.

Die Behandlung kann folgendes beinhalten:

* Flüssigkeitstherapie zur Bekämpfung der Dehydration
* Medikamente zur Kontrolle von Erbrechen und Durchfall
* Antibiotika zur Bekämpfung sekundärer bakterieller Infektionen
* Ernährungstherapie zur Unterstützung der Genesung

Prävention

Die beste Methode zur Prävention von Parvovirose ist die Impfung. Welpen sollten in der Regel zwischen der 6. und 8. Lebenswoche ihre erste Parvovirus-Impfung erhalten und diese dann alle 3 bis 4 Wochen bis zum Alter von 16 Wochen wiederholen. Danach sollten sie alle ein bis zwei Jahre geboostert werden, abhängig von den Empfehlungen Ihres Tierarztes.

Es ist auch wichtig, nicht geimpfte oder nur teilweise geimpfte Hunde von Orten fernzuhalten, an denen sie mit dem Virus in Kontakt kommen könnten, wie öffentlichen Parks, Tierkliniken oder Orten, an denen viele Hunde zusammenkommen.

Hepatitis: Anzeichen und Behandlungsmöglichkeiten

Hundestaupe, auch bekannt als Infektiöse Canine Hepatitis (ICH), ist eine schwerwiegende und hochansteckende Viruserkrankung, die die Leber und andere Organe von Hunden betrifft. Die Krankheit wird durch das Canine Adenovirus Typ 1 (CAV-1) verursacht und kann Hunde aller Altersgruppen betreffen, obwohl Welpen und junge Hunde besonders gefährdet sind.

Anzeichen und Symptome

Die Symptome von Hepatitis bei Hunden können je nach Schweregrad der Infektion variieren. Einige Hunde können asymptomatisch sein, während andere mildere bis hin zu schweren Symptomen aufweisen können. Die Symptome können Folgendes umfassen:

* Fieber
* Appetitlosigkeit
* Lethargie

- Bauchschmerzen
- Erbrechen und Durchfall
- Gelbsucht (Gelbfärbung von Haut und Augen)
- Augenprobleme wie eine trübe oder bläuliche Hornhaut („blaue Augen")

In schweren Fällen kann es zu inneren Blutungen, Leberversagen und plötzlichem Tod kommen.

Diagnose und Behandlung

Die Diagnose von Hepatitis basiert in der Regel auf den klinischen Symptomen des Hundes, seiner Vorgeschichte und verschiedenen Labortests, einschließlich Blutuntersuchungen und speziellen Tests zum Nachweis des Virus.

Wie bei den meisten Viruserkrankungen gibt es keine spezifische Heilung für Hepatitis. Die Behandlung konzentriert sich daher auf die Unterstützung des Körpers des Hundes, während sein Immunsystem das Virus bekämpft. Dies kann beinhalten:

- Flüssigkeitstherapie zur Bekämpfung von Dehydration
- Medikamente zur Linderung von Symptomen wie Fieber und Erbrechen
- Spezielle Ernährung zur Unterstützung der Leberfunktion
- In einigen Fällen kann eine Krankenhausaufenthalt notwendig sein, besonders bei schwerkranken Hunden

Prävention

Die beste Methode zur Vorbeugung gegen Hepatitis ist die Impfung. In der Regel wird der Impfstoff gegen Canine Adenovirus Typ 2 (CAV-2) verwendet, der auch Schutz gegen CAV-1 bietet. Welpen sollten in der Regel ihre erste Hepatitis-Impfung zwischen 6 und 8 Wochen erhalten und dann alle 3 bis 4 Wochen bis zum Alter von 16 Wochen wiederholt werden. Danach sollte die Impfung alle 1 bis 2 Jahre aufgefrischt werden, abhängig von den Empfehlungen Ihres Tierarztes.

Hüftdysplasie (HD) und Ellbogendysplasie (ED): Anzeichen und Behandlungsmöglichkeiten

Hüftdysplasie (HD) und Ellbogendysplasie (ED) sind zwei häufige orthopädische Erkrankungen bei Hunden, die beide durch eine abnormale Entwicklung der jeweiligen Gelenke gekennzeichnet sind. Diese Erkrankungen können erhebliche Schmerzen verursachen und die Mobilität des Hundes einschränken.

Hüftdysplasie (HD)

Hüftdysplasie ist eine genetische Erkrankung, bei der das Hüftgelenk abnorm
entwickelt ist. Dies kann dazu führen, dass der Hüftkopf nicht richtig in die
Hüftpfanne passt, was zu Schmerzen und Bewegungseinschränkungen führen
kann.

Anzeichen und Symptome:

- Schwierigkeiten beim Aufstehen oder Springen
- Schmerzen in der Hüftregion
- Lahmheit oder Hinken
- Verringerte Aktivität oder Bewegung

Ellbogendysplasie (ED)

Ellbogendysplasie ist ähnlich der Hüftdysplasie, betrifft jedoch das Ellbogen-
gelenk. Diese Erkrankung kann verschiedene Formen annehmen, darunter
FCP (Fragmentierte Koronoidprozesse), OCD (Osteochondrosis Dissecans)
und UAP (Ununited Anconeal Process).

Anzeichen und Symptome:

- Lahmheit oder Hinken, besonders nach dem Aufwachen oder nach körper-
  licher Betätigung
- Schmerzen oder Unbehagen im Bereich des Ellbogens
- Eingeschränkte Beweglichkeit des Gelenks

Behandlung

Die Behandlung von HD und ED hängt von der Schwere der Erkrankung und
dem Allgemeinzustand des Hundes ab und kann sowohl konservative als auch
chirurgische Methoden umfassen.

Konservative Behandlung:

Schmerzmanagement: Nichtsteroidale entzündungshemmende Medikamente
(NSAIDs) können eingesetzt werden, um Schmerzen und Entzündungen zu
lindern. Gewichtsmanagement: Übergewichtige Hunde haben ein höheres Risi-
ko für HD und ED, daher ist es wichtig, dass sie ein gesundes Gewicht halten.
Physiotherapie: Übungen können helfen, die Muskelmasse zu erhöhen und die
Beweglichkeit zu verbessern.

Chirurgische Behandlung:

Bei schweren Fällen von HD oder ED kann eine Operation notwendig sein. Es gibt verschiedene Arten von Operationen, einschließlich Hüft- oder Ellbogenersatz, Osteotomie und Arthrodese.

Prävention

Die Vorbeugung von HD und ED kann schwierig sein, da beide Erkrankungen einen starken genetischen Faktor haben. Eine sorgfältige Zuchtplanung, die Vermeidung von Überbelastung bei jungen Hunden und das Halten eines gesunden Gewichts können jedoch dazu beitragen, das Risiko zu verringern.

Allergien: Anzeichen und Behandlungsmöglichkeiten

Allergien sind bei Hunden ein weit verbreitetes Problem und können durch eine Vielzahl von Substanzen ausgelöst werden, darunter Pollen, Schimmelpilze, Hausstaubmilben, bestimmte Lebensmittel und Flohspeichel. Bei einer Allergie reagiert das Immunsystem des Hundes überempfindlich auf eine ansonsten harmlose Substanz, die als Allergen bezeichnet wird. Dies führt zu einer Reihe von Symptomen, die von milden Hautirritationen bis hin zu schweren gesundheitlichen Problemen reichen können.

Anzeichen und Symptome von Allergien bei Hunden

Die Symptome einer Allergie bei Hunden können je nach Ursache der Allergie und individuellen Reaktion des Hundes variieren. Typische Anzeichen können jedoch Folgendes umfassen:

- Juckreiz und Kratzen, oft an bestimmten Stellen wie Ohren, Pfoten, Gesicht und Bauch
- Rötung und Entzündung der Haut
- Hefepilz- oder bakterielle Infektionen der Haut, die oft durch übermäßiges Kratzen verursacht werden
- Haarausfall oder Hautausschläge
- Ohrinfektionen
- Niesen, Husten oder andere Atembeschwerden
- Verdauungsprobleme wie Durchfall oder Erbrechen, insbesondere bei Nahrungsmittelallergien

Behandlung von Allergien bei Hunden

Die Behandlung von Allergien bei Hunden hängt von der Art der Allergie und der Schwere der Symptome ab. Einige gängige Behandlungsstrategien können Folgendes umfassen:

- Allergenvermeidung: Dies ist die effektivste Methode zur Behandlung von Allergien und beinhaltet die Identifizierung und Eliminierung der Allergie auslösenden Substanz aus der Umgebung des Hundes.
- Medikamente: Verschiedene Arten von Medikamenten können zur Behandlung von Allergiesymptomen bei Hunden verwendet werden, darunter Antihistaminika, Steroide und Cyclosporine.
- Immuntherapie: Bei dieser Behandlung wird der Hund regelmäßig mit kleinen Mengen des Allergens injiziert, um das Immunsystem allmählich an die Substanz zu gewöhnen und die allergische Reaktion zu reduzieren.
- Änderungen in der Ernährung: Wenn eine Nahrungsmittelallergie vermutet wird, kann eine Eliminationsdiät helfen, die spezifischen Lebensmittel zu identifizieren, die die Allergie auslösen.

Es ist wichtig zu beachten, dass die Behandlung von Allergien oft ein längerfristiger Prozess ist und Geduld erfordert. Zudem sollten alle Behandlungspläne in Absprache mit einem Tierarzt erstellt werden, um sicherzustellen, dass sie für den spezifischen Hund und seine Bedürfnisse geeignet sind.

Ekto- und Endoparasiten: Anzeichen und Behandlungsmöglichkeiten

Parasiten stellen eine erhebliche Bedrohung für die Gesundheit unserer Hunde dar. Sie können grob in zwei Kategorien unterteilt werden: Ektoparasiten, die auf der Haut oder im Fell des Hundes leben, und Endoparasiten, die im Inneren des Hundes leben. Jede Art von Parasit kann spezifische Symptome hervorrufen und erfordert spezifische Behandlungen.

Ektoparasiten

Zu den gängigen Ektoparasiten, die Hunde befallen können, gehören Flöhe, Zecken und Milben.

Anzeichen und Symptome:

- Juckreiz und Kratzen
- Rötung und Entzündung der Haut
- Haarausfall

- Beim Flohbefall können kleine, schnell bewegliche, dunkle Punkte im Fell des Hundes sichtbar sein
- Zecken sind oft als kleine, dunkle Klumpen auf der Haut des Hundes sichtbar

Endoparasiten

Zu den gängigen Endoparasiten gehören Herzwürmer, Hakenwürmer, Bandwürmer und Peitschenwürmer.

Anzeichen und Symptome:

- Gewichtsverlust
- Durchfall
- Erbrechen
- Husten
- Schwäche und Lethargie
- Im Falle von Herzwürmern können Symptome wie Atemnot, verminderte Ausdauer und sogar plötzlicher Tod auftreten

Behandlung

Die Behandlung von Parasitenbefall hängt von der Art des Parasiten ab, aber generell kann sie Folgendes umfassen:

Ektoparasiten-Behandlung:

Topische Behandlungen: Diese werden direkt auf die Haut des Hundes aufgetragen und können dazu beitragen, Parasiten abzutöten und zukünftigen Befall zu verhindern.
Oralmedikamente: Diese können helfen, Parasiten abzutöten und können oft einfacher anzuwenden sein als topische Behandlungen, insbesondere bei Hunden, die nicht gerne gebadet werden oder schwierig zu handhaben sind.
Umgebungsbehandlung: Bei starkem Befall kann es notwendig sein, das gesamte Zuhause des Hundes zu behandeln, um Parasiten abzutöten und zukünftigen Befall zu verhindern.

Endoparasiten-Behandlung:

Oralmedikamente: Diese sind die gängigste Behandlung für Endoparasiten und können dazu beitragen, Parasiten abzutöten und zukünftigen Befall zu verhindern.

Bei schwerem Befall kann eine Krankenhauseinweisung und intravenöse Flüssigkeitsbehandlung erforderlich sein, insbesondere wenn der Hund stark dehydriert ist oder an schwerem Durchfall oder Erbrechen leidet.
Vorbeugung ist der Schlüssel zur Vermeidung von Parasitenbefall. Regelmäßige Parasitenkontrollen durch Ihren Tierarzt sind unerlässlich, ebenso wie die Einhaltung von Impfplänen und der Einsatz von vorbeugenden Behandlungen gegen Parasiten, wie von Ihrem Tierarzt empfohlen.

Für Ektoparasiten, insbesondere Flöhe und Zecken, sind regelmäßige Fellkontrollen wichtig, besonders nach Spaziergängen in der Natur. Verwenden Sie gegebenenfalls ein Floh- und Zeckenschutzmittel, das auf die Haut des Hundes aufgetragen oder oral verabreicht wird. Es ist auch hilfreich, das Wohn- und Schlafgebiet des Hundes sauber und frei von Parasiten zu halten.

Bei Endoparasiten ist es wichtig, den Kot Ihres Hundes regelmäßig zu kontrollieren, insbesondere wenn Ihr Hund Durchfall hat oder ungewöhnliche Kotgewohnheiten zeigt. Stellen Sie sicher, dass Ihr Hund sauberes Wasser trinkt und nicht aus Pfützen oder stehenden Gewässern trinkt, da diese oft Parasiteneier enthalten können. Geben Sie Ihrem Hund regelmäßig Entwurmungsmittel, wie von Ihrem Tierarzt empfohlen.

Im Falle eines Befalls ist es wichtig, sofort einen Tierarzt zu konsultieren, um eine geeignete Behandlung zu beginnen und weitere Ansteckungen zu verhindern. Bei korrekter Behandlung und guter Prävention können die meisten parasitären Infektionen erfolgreich kontrolliert werden, um die Gesundheit und das Wohlbefinden Ihres Hundes zu schützen.

Die Sache mit der Läufigkeit

Die Läufigkeit ist ein natürlicher Aspekt im Leben jeder weiblichen Hündin und Teil ihres Fortpflanzungszyklus. Es ist ein Prozess, der mit der Geschlechtsreife beginnt und bis ins hohe Alter fortbesteht, sofern die Hündin nicht kastriert wurde. Dieser Artikel wird die Phasen der Läufigkeit, Anzeichen und mögliche Verhaltensänderungen während dieser Zeit beleuchten.

Der Zyklus der Läufigkeit bei Hündinnen läuft in vier Hauptphasen ab:

Proöstrus: Dies ist die erste Phase der Läufigkeit, die zwischen wenigen Tagen bis zu zwei Wochen dauern kann. In dieser Phase bereitet sich der Körper der Hündin auf eine mögliche Schwangerschaft vor. Sie beginnt zu bluten, und ihre Vulva schwillt an. Obwohl sie noch nicht bereit für die Paarung ist, kann sie bereits das Interesse von Rüden wecken.

Östrus: Dies ist die Phase, in der die Hündin empfängnisbereit ist und oft als „Hitze" bezeichnet wird. Sie dauert etwa neun Tage, kann aber zwischen vier und vierzehn Tagen variieren. Das blutige Sekret wird in dieser Phase heller und wässriger, und die Hündin zeigt wahrscheinlich Interesse an Rüden.

Metöstrus (oder Diöstrus): In dieser Phase, die etwa zwei Monate dauert, ist die Hündin nicht mehr empfängnisbereit. Ihr Körper geht davon aus, dass sie trächtig ist, unabhängig davon, ob dies tatsächlich der Fall ist. Das bedeutet, dass ihr Körper Progesteron produziert, ein Hormon, das für die Aufrechterhaltung einer Schwangerschaft benötigt wird.

Anöstrus: Dies ist die Ruhephase zwischen den Zyklen. Sie kann mehrere Monate dauern und ist die einzige Phase, in der der Körper der Hündin nicht auf Reproduktion ausgerichtet ist.

Die Läufigkeit kann das Verhalten einer Hündin stark beeinflussen. Sie kann während dieser Zeit besonders anhänglich sein oder im Gegenteil eher unabhängig und distanziert wirken. Einige Hündinnen können auch ängstlicher oder reizbarer als gewöhnlich sein. Es ist wichtig, sich daran zu erinnern, dass jede Hündin individuell auf die Läufigkeit reagiert.

Die Läufigkeit kann auch gesundheitliche Auswirkungen haben. Während der Läufigkeit sind Hündinnen anfälliger für Infektionen der Gebärmutter, wie die Pyometra. Es besteht auch ein erhöhtes Risiko für bestimmte Arten von Brustkrebs. Wenn Sie nicht planen, mit Ihrer Hündin zu züchten, kann eine Kastration in Betracht gezogen werden, um diese Risiken zu vermindern.

Typisch aber nicht zwangsläufig.

Der Pomsky – ein charmanter Mix aus dem Siberian Husky und dem Pomeranian (Zwergspitz) – gilt als vital, aktiv und oft erstaunlich robust. Doch wie bei allen Hunden, insbesondere bei Hybridrassen, können auch beim Pomsky rassespezifische gesundheitliche Risiken auftreten. Dabei ist wichtig zu verstehen: Nicht jeder Pomsky wird automatisch krank – aber ein bewusster Blick auf mögliche erblich bedingte Schwachstellen hilft, frühzeitig vorzubeugen.

Grundsätzliches vorweg: Gesundheit bei Hybridrassen
Viele Menschen glauben, dass Mischlinge oder Designerhunde wie der Pomsky grundsätzlich gesünder sind als reinrassige Hunde – ein Konzept, das als „Hybrid-Vigor" (Heterosis-Effekt) bekannt ist. Es besagt, dass genetische Vielfalt das Risiko für Erbkrankheiten senken kann.

Das trifft theoretisch zu – aber nur, wenn beide Elterntiere gesund und frei von Erbkrankheiten sind. Werden genetische Schwächen von Husky oder Pomeranian unkontrolliert weitervererbt, können sich gesundheitliche Probleme auch im Pomsky zeigen.

Daher ist eine verantwortungsvolle Zucht mit Gesundheitstests entscheidend für das Wohlergehen dieser Rasse.

Typische rassespezifische Erkrankungen beim Pomsky
Da der Pomsky Eigenschaften beider Ursprungsrassen vereint, können auch rassetypische Krankheiten beider Linien auftreten:

Patellaluxation (Kniescheibenverlagerung)

Ursprung: Häufig beim Pomeranian
Was passiert: Die Kniescheibe springt aus ihrer Führung, was zu Schmerzen und Lahmheit führen kann.
Symptome: Humpeln, plötzliches Anheben eines Hinterbeins, „Hasenhüpfen"
Vorbeugung: Zucht nur mit getesteten Eltern, gesunde Gewichtskontrolle, moderate Bewegung
Behandlung: In leichten Fällen konservativ, bei schwerem Verlauf oft operativ.

Zahnprobleme & Kieferfehlstellungen

Ursprung: Häufig bei kleineren Rassen wie dem Pomeranian
Was passiert: Eng stehende Zähne, Überbiss oder vermehrte Zahnsteinbildung
Symptome: Mundgeruch, Zahnfleischentzündungen, Futterverweigerung
Vorbeugung: Regelmäßiges Zähneputzen, Dentalspielzeug, tierärztliche Kontrollen
Behandlung: Professionelle Zahnreinigung, ggf. Zahnentfernungen

Augenerkrankungen

Ursprung: Möglich bei beiden Elternrassen, besonders beim Husky
Beispiele: Katarakt (Linsentrübung), progressive Retinaatrophie (PRA), Tränenkanalprobleme
Symptome: Lichtempfindlichkeit, tränende oder trübe Augen, unsicheres Verhalten
Vorbeugung: Genetische Tests bei den Zuchttieren, regelmäßige Augenuntersuchungen
Behandlung: Je nach Erkrankung konservativ oder chirurgisch

Epilepsie

Ursprung: Gelegentlich bei Huskys dokumentiert
Was passiert: Wiederkehrende Krampfanfälle durch eine neurologische Störung
Symptome: Zittern, Muskelzuckungen, Bewusstseinsverlust
Vorbeugung: Nicht mit betroffenen Linien züchten
Behandlung: Langzeittherapie mit Medikamenten, regelmäßige Überwachung

Herzprobleme (z. B. Mitralklappeninsuffizienz)

Ursprung: Kann bei kleinen Rassen häufiger vorkommen (Pomeranian)
Was passiert: Herzklappen schließen nicht richtig, Blut fließt zurück – das Herz wird belastet
Symptome: Husten, Atemnot, Leistungsschwäche
Vorbeugung: Frühzeitige tierärztliche Untersuchungen, auf erste Anzeichen achten
Behandlung: Herzmedikamente, Gewichtsmanagement

Haut- & Fellprobleme

Ursprung: Beide Rassen können empfindlich auf Pflegefehler oder Allergien reagieren
Beispiele: Hot Spots, trockene Haut, Floh- und Milbenbefall
Symptome: Juckreiz, Rötungen, übermäßiges Kratzen oder Lecken
Vorbeugung: Regelmäßige Fellpflege, gesunde Ernährung, Parasitenprophylaxe
Behandlung: Pflegeprodukte, Diätanpassung, tierärztliche Behandlung

Vorsorge ist Fürsorge – Was du tun kannst

Die beste „Medizin" ist gute Vorbereitung. Folgende Maßnahmen helfen, deinen Pomsky gesund zu halten:

Kaufe nur bei seriösen Züchtern, die Gesundheitstests für beide Elterntiere vorweisen können (z. B. Augenuntersuchungen, Patella-Check, Gentests)
Achte auf eine ausgewogene Ernährung, angepasst an Alter, Größe und Aktivitätslevel
Halte regelmäßige Tierarzttermine ein – für Impfungen, Zahnkontrollen und allgemeine Checks
Pflege deinen Pomsky gründlich, vor allem Fell, Zähne und Krallen
Beobachte Veränderungen im Verhalten oder Aussehen – lieber einmal zu viel zum Tierarzt als einmal zu wenig

Fazit: Gesund bleiben mit Wissen und Achtsamkeit

Der Pomsky ist im Allgemeinen ein lebensfroher, agiler und robuster Begleiter, der mit der richtigen Pflege und Aufmerksamkeit viele gesunde Jahre an
deiner Seite verbringen kann.

Auch wenn bestimmte rassespezifische Risiken bestehen, lassen sich viele davon durch gute Zucht, Vorsorge und liebevolle Betreuung gut vermeiden oder
frühzeitig erkennen.

Ein informierter Halter ist der beste Schutzschild für die Gesundheit seines
Hundes.

Ihr Pomsky wird alt.

Das Altern ist ein natürlicher Prozess, der jeden lebenden Organismus betrifft, einschließlich unserer geliebten Hunde. Wie Menschen durchlaufen auch Hunde verschiedene Stadien im Leben, von der Welpenzeit über die Adoleszenz bis hin zum Erwachsenenalter und schließlich zum Alter. Während diese Phase mit gewissen Herausforderungen verbunden ist, bringt sie auch eine einzigartige Freude und Zufriedenheit mit sich. In diesem Artikel werden wir uns darauf konzentrieren, was es bedeutet, einen älteren Hund zu haben, und wie Sie Ihren vierbeinigen Freund in dieser Phase optimal unterstützen können.

Erkennung des Alterns bei Hunden
Das Alter, in dem ein Hund als „alt" gilt, variiert je nach Rasse und Größe des Hundes. Kleinere Hunde tendieren dazu, länger zu leben und gelten oft erst ab einem Alter von etwa 10-12 Jahren als Senior. Es ist wichtig zu beachten,

Umrechnungstabelle Hunde-/Menschenalter

Hundealter	Riesenrassen über 45 kg	Mittlere Rassen 15 - 45 kg	Kleine Rassen bis 15 kg
0,5	8	10	15
1	14	18	20
1,5	18	21	24
2	22	27	28
3	31	33	32
4	40	39	36
5	49	45	40
6	58	51	44
7	67	57	48
8	76	63	52
9	85	69	56
10	94	75	60
11	100	80	64
12		85	68
13		90	72
14		95	76
15		100	80
16			84
17			88
18			92
19			96
20			100

dass das Alter allein nicht unbedingt den Gesundheitszustand oder die Vitalität eines Hundes bestimmt. Viele ältere Hunde bleiben bis ins hohe Alter aktiv und gesund.

Einige Anzeichen, dass Ihr Hund älter wird, können beinhalten:

- Verminderte Aktivität oder Energie
- Veränderungen im Schlafmuster
- Gewichtszunahme oder -verlust
- Verminderte Seh- oder Hörleistung
- Veränderungen im Fell, wie z.B. Graufärbung oder erhöhter Haarausfall
- Veränderungen im Verhalten oder der Persönlichkeit
- Schwierigkeiten beim Aufstehen, Laufen oder Springen

Gesundheitliche Herausforderungen älterer Hunde

Mit dem Alter können verschiedene gesundheitliche Herausforderungen auftreten. Einige häufige Erkrankungen bei älteren Hunden sind:

- Arthritis: Diese entzündliche Erkrankung der Gelenke ist besonders bei älteren Hunden verbreitet und kann Schmerzen und Bewegungseinschränkungen verursachen.
- Zahnprobleme: Ohne regelmäßige Zahnpflege können sich im Laufe der Zeit Zahnstein und Zahnfleischerkrankungen entwickeln, die Schmerzen und Schwierigkeiten beim Fressen verursachen können.
- Herzerkrankungen: Mit zunehmendem Alter steigt das Risiko für Herzerkrankungen wie Herzinsuffizienz.
- Krebs: Ältere Hunde haben ein erhöhtes Risiko für verschiedene Arten von Krebs.
- Nieren- und Lebererkrankungen: Diese Organe können im Laufe der Jahre Schäden erleiden, was zu einer verminderten Funktion führen kann.
- Kognitive Dysfunktion: Ähnlich wie bei der Alzheimer-Krankheit beim Menschen können ältere Hunde Anzeichen von Verwirrung und Desorientierung zeigen.

Pflege und Unterstützung für ältere Hunde

Trotz der Herausforderungen, die das Alter mit sich bringt, gibt es viele Möglichkeiten, wie Sie Ihrem älteren Hund helfen können, ein glückliches und gesundes Leben zu führen.

Ernährung
Die Ernährungsbedürfnisse älterer Hunde unterscheiden sich von denen jüngerer Hunde. Ältere Hunde haben in der Regel einen langsameren Stoffwechsel und benötigen daher weniger Kalorien, um eine Gewichtszunahme zu vermeiden. Gleichzeitig können sie von einer Ernährung profitieren, die reich an hochwertigen Proteinen und Ballaststoffen ist und einen moderaten Fettgehalt hat. In einigen Fällen können spezielle Diäten oder Nahrungsergänzungsmittel hilfreich sein, insbesondere wenn Ihr Hund bestimmte gesundheitliche Probleme hat. Eine professionelle Ernährungsberatung kann dabei helfen, den individuellen Ernährungsbedarf Ihres älteren Hundes zu bestimmen.

Bewegung
Trotz möglicher Mobilitätseinschränkungen benötigen ältere Hunde weiterhin regelmäßige Bewegung, um fit und gesund zu bleiben. Die Art und Dauer der Bewegung sollte an die körperliche Verfassung des Hundes angepasst werden. Kurze, sanfte Spaziergänge oder leichtes Spielen können oft gut vertragen werden. Schwimmen kann eine gute Alternative für Hunde mit Gelenkproblemen sein, da es ein gelenkschonendes Training ermöglicht. Denken Sie daran, dass Bewegung auch wichtig ist, um geistig fit zu bleiben, so dass Aktivitäten, die Denkarbeit erfordern, wie Suchspiele oder Training von Tricks, auch hilfreich sein können.

Medizinische Versorgung
Ältere Hunde sollten regelmäßig vom Tierarzt untersucht werden, um frühzeitig Krankheiten zu erkennen und zu behandeln. Abhängig von der Gesundheit Ihres Hundes könnten diese Untersuchungen halbjährlich oder jährlich stattfinden. Ihr Tierarzt kann Ihnen auch bei Fragen zur Ernährung, Bewegung und Pflege Ihres älteren Hundes behilflich sein.

Komfort und Pflege
Ältere Hunde können empfindlicher gegenüber Kälte und Hitze sein und benötigen daher einen warmen, bequemen Schlafplatz. Orthopädische Betten können besonders für Hunde mit Arthritis oder anderen Gelenkproblemen hilfreich sein. Eine regelmäßige Pflege, einschließlich Bürsten und Baden, kann dazu beitragen, das Fell und die Haut Ihres Hundes gesund zu halten. Besondere Aufmerksamkeit sollte der Mundpflege gewidmet werden, um Zahnproblemen vorzubeugen.

Aktivitäten müssen sein!

Es ist wichtig zu verstehen, dass der Pomsky aufgrund seiner genetischen Veranlagung nicht unbedingt als klassischer Arbeitshund gilt. Er wurde weder für das Hüten von Vieh, das Ziehen von Lasten noch für den Schutz von Haus und Hof gezüchtet. Dennoch sollte man ihn nicht unterschätzen: Auch wenn viele Pomsky es genießen, mit ihren Menschen gemütlich auf dem Sofa zu kuscheln, steckt in dieser energiegeladenen Mischung aus Husky und Zwergspitz ein erstaunliches Maß an Bewegungsfreude und Lernbereitschaft.
Mit der richtigen Motivation und spielerischem Training kann ein Pomsky in verschiedenen Hundesportarten aufblühen.

- Agility
- Dogdancing
- Discdogging oder Hundefrisbee
- Obedience
- Hundeschwimmen
- Zielobjektsuche

Agility: Ein dynamischer Hundesport für Körper und Geist

Agility ist ein Hundesport, der ursprünglich in England entstanden ist und sich seitdem weltweit zu einer der beliebtesten Hundesportarten entwickelt hat. Die Grundidee besteht darin, einen Hindernisparcours zu durchlaufen, wobei Geschwindigkeit und Präzision im Vordergrund stehen. Doch Agility ist mehr als nur ein Wettkampf - es ist eine großartige Möglichkeit, die Bindung zwischen Ihnen und Ihrem Hund zu stärken, gleichzeitig körperliche und geistige Fitness zu fördern und einfach Spaß zu haben.

Was ist Agility?
Im Agility führt ein Hundeführer seinen Hund durch einen Parcours aus verschiedenen Hindernissen. Diese können u.a. Hürden, Tunnel, Wippen, Slalomstangen und Stege beinhalten. Der Hund soll diese Hindernisse in einer bestimmten Reihenfolge und so schnell wie möglich, aber ohne Fehler, über-

winden. Dabei ist der Hundeführer nicht nur für die Navigation des Parcours verantwortlich, sondern auch dafür, seinen Hund durch Körpersprache und verbale Kommandos zu führen.

Vorteile von Agility
Agility bietet zahlreiche Vorteile für Sie und Ihren Hund:

Körperliche Fitness: Agility ist ein intensiver Sport, der sowohl Ausdauer als auch Geschicklichkeit fördert. Ihr Hund wird durch den Parcours rennen, springen, kriechen und balancieren, was zur Stärkung der Muskulatur, Verbesserung der Koordination und Förderung der körperlichen Fitness beiträgt.

Geistige Stimulation: Bei Agility geht es nicht nur um körperliche Aktivität. Ihr Hund muss auch lernen, Kommandos zu verstehen und auf Ihre Anweisungen zu reagieren, was geistige Agilität und Konzentrationsfähigkeit erfordert.

Bindung: Durch das gemeinsame Training und die Arbeit im Team können Sie eine tiefe Bindung zu Ihrem Hund aufbauen. Ihr Hund lernt, auf Ihre Anweisungen zu hören und Ihnen zu vertrauen, während Sie lernen, die Körpersprache und die Bedürfnisse Ihres Hundes besser zu verstehen.

Sozialisierung: Agility-Kurse und -Wettbewerbe sind oft gesellige Veranstaltungen, bei denen Sie andere Hundefreunde treffen können. Dies bietet auch Ihrem Hund die Möglichkeit, andere Hunde und Menschen kennenzulernen.

Spaß: Nicht zuletzt macht Agility einfach Spaß! Die Freude und Begeisterung, die Hunde beim Durchlaufen des Parcours zeigen, sind ansteckend und machen diesen Sport zu einer unterhaltsamen Aktivität für alle Beteiligten.

Ist mein Hund für Agility geeignet?
Grundsätzlich kann jeder gesunde Hund Agility betreiben. Allerdings sollte er ein gewisses Grundmaß an Gehorsam mitbringen und in der Lage sein, grundlegende Kommandos zu befolgen. Zudem sollte er gesund und in guter körperlicher Verfassung sein, da Agility eine hohe körperliche Belastung darstellt. Einige Rassen, insbesondere Arbeitshunde wie Collies oder Australian Shepherds, haben eine natürliche Begabung für diesen Sport, aber im Grunde kann jeder Hund, unabhängig von Rasse oder Größe, an Agility-Training teilnehmen und Freude daran finden. Dein Pomsky ist von seinen Anlagen her bestens für diesen Sport geeignet!
Bevor Sie mit dem Agility-Training beginnen, sollten Sie Ihren Hund von einem Tierarzt untersuchen lassen, um sicherzustellen, dass er gesund genug für diese Art von körperlicher Aktivität ist. Besonders bei jungen Hunden ist

es wichtig, sicherzustellen, dass ihre Knochen und Gelenke vollständig entwickelt sind, bevor sie mit intensiven Sprungübungen beginnen.

Wie fange ich mit Agility an?
Der beste Weg, um mit Agility zu beginnen, ist der Besuch eines Agility-Kurses oder -Workshops. Ein erfahrener Trainer kann Ihnen und Ihrem Hund die Grundlagen beibringen und sicherstellen, dass Sie die Übungen sicher und korrekt ausführen. Er kann Ihnen auch dabei helfen, Ihre Technik zu verbessern und Ihren Hund effektiv zu führen.

Ein Agility-Parcours kann zunächst überwältigend wirken, aber keine Sorge - Sie und Ihr Hund werden schrittweise an die verschiedenen Hindernisse herangeführt. Normalerweise beginnen Sie mit einfacheren Übungen und fügen nach und nach mehr Hindernisse und komplexere Sequenzen hinzu, sobald Sie und Ihr Hund sich sicherer fühlen.

Es ist wichtig, dass das Training immer positiv und spielerisch gestaltet wird. Loben Sie Ihren Hund, wenn er ein Hindernis erfolgreich überwindet, und ermutigen Sie ihn, auch wenn er Schwierigkeiten hat. Ihr Ziel sollte es sein, dass Ihr Hund Agility als ein lustiges Spiel ansieht, nicht als eine anstrengende Arbeit.

Fazit
Agility ist ein aufregender und anspruchsvoller Sport, der Ihnen und Ihrem Hund viele Vorteile bietet. Es fördert nicht nur körperliche Fitness und geistige Stimulation, sondern stärkt auch die Bindung zwischen Ihnen und Ihrem Hund und bietet viele Möglichkeiten für Spaß und Geselligkeit. Egal, ob Sie nur zum Spaß trainieren oder an Wettbewerben teilnehmen möchten, Agility ist eine großartige Aktivität für Sie und Ihren vierbeinigen Freund.

Obedience: Eine hochdisziplinierte Hundesportart

Obedience ist eine Hundesportart, die auf Gehorsam und präzise Ausführung von Übungen basiert. Der Name „Obedience" stammt aus dem Englischen und bedeutet Gehorsam, was gut den Geist dieser Disziplin widerspiegelt. Es handelt sich dabei um eine hochdisziplinierte Form der Hundeausbildung, bei der es auf Präzision, Synchronisation und den harmonischen Umgang zwischen Hund und Mensch ankommt.

Was ist Obedience?
Bei Obedience-Wettbewerben führen Hund und Halter eine Reihe von Übungen aus, die auf die enge Zusammenarbeit zwischen den beiden abzielen. Die Übungen umfassen sowohl Grundkommandos wie „Sitz", „Platz" und „Bleib", als auch komplexere Aufgaben wie Apportieren, Richtungswechsel auf Kommando, Identifizierung und Wiedererlangung von Gegenständen oder das Befolgen von Kommandos auf Distanz.

Es gibt verschiedene Leistungsstufen in Obedience-Wettbewerben, von Einsteigerklassen bis hin zu sehr fortgeschrittenen Klassen. Die Schwierigkeit und Komplexität der Übungen steigen mit den höheren Leistungsstufen.

Die Bewertung bei Obedience-Wettbewerben basiert auf der Genauigkeit der Ausführung, der Geschwindigkeit und der Harmonie zwischen Hund und Halter. Punkte können abgezogen werden, wenn der Hund nicht genau auf die Signale des Halters reagiert, wenn er abgelenkt oder unsicher wirkt oder wenn der Halter seine Anweisungen wiederholen muss.

Wie fange ich mit Obedience an?
Das Training für Obedience kann bereits im Welpenalter beginnen, indem die Grundkommandos wie „Sitz", „Platz" und „Komm" eingeführt werden. Ein gutes Grundgehorsam ist die Basis für alle weiteren Obedience-Übungen.

Es wird empfohlen, sich einer Hundeschule oder einem Hundeverein anzuschließen, der Obedience-Kurse anbietet. Dort können Sie unter Anleitung erfahrener Trainer lernen und Ihr Training mit anderen Hundehaltern teilen.

Das Training sollte immer positiv und motivierend gestaltet sein. Belohnungen in Form von Leckerlis, Spielzeug oder Lob sind wichtig, um den Hund zu ermutigen und seine Motivation aufrechtzuerhalten.

Fazit

Obedience ist mehr als nur eine Hundesportart - es ist eine Philosophie der Zusammenarbeit und des Respekts zwischen Hund und Mensch. Es fördert nicht nur den Gehorsam und die Disziplin des Hundes, sondern auch seine geistige Auslastung und die Bindung zu seinem Halter. Gleichzeitig stellt es eine anspruchsvolle und bereichernde Aufgabe für den Halter dar, die viel Geduld, Konsequenz und Verständnis für die Bedürfnisse und Fähigkeiten seines Hundes erfordert.

Hundeschwimmen: Gesundes Vergnügen für Ihren vierbeinigen Freund

Hundeschwimmen ist eine erfrischende und gesunde Aktivität, die nicht nur Ihrem Hund, sondern auch Ihnen als Hundebesitzer Freude bereiten kann. In diesem ausführlichen Text werden wir die Vorteile des Hundeschwimmens, Sicherheitstipps und die besten Orte für diese Aktivität erörtern.

Die Vorteile des Hundeschwimmens:
Gesundheitliche Vorteile: Schwimmen ist eine hervorragende Übung für Hunde. Es stärkt ihre Muskeln, verbessert die Beweglichkeit der Gelenke und fördert die Ausdauer. Aufgrund des geringen Gewichts im Wasser ist es auch besonders schonend für Hunde mit Gelenkproblemen oder Übergewicht.

Abkühlung: Hunde können Schwimmen als Möglichkeit nutzen, sich an heißen Tagen abzukühlen. Das kühle Wasser bietet eine willkommene Erfrischung und verhindert Überhitzung.

Spaß und mentale Stimulation: Schwimmen ist nicht nur körperlich anregend, sondern auch geistig befriedigend. Hunde müssen ihre Bewegungen im Wasser koordinieren, was ihre kognitiven Fähigkeiten herausfordert.

Soziale Interaktion: Wenn Sie Ihren Hund an einen öffentlichen See oder Strand mitnehmen, kann er auch die Gelegenheit nutzen, mit anderen Hunden zu spielen und soziale Kontakte zu knüpfen.

Sicherheitstipps für das Hundeschwimmen:
Schwimmfähigkeiten: Nicht alle Hunde können von Natur aus schwimmen. Bevor Sie Ihren Hund ins Wasser lassen, sollten Sie sicherstellen, dass er schwimmen kann. Manche Rassen haben aufgrund ihrer Anatomie Schwierigkeiten beim Schwimmen. Schwimmwesten können eine gute Unterstützung bieten, insbesondere für Welpen oder Hunde mit geringer Erfahrung im Wasser.
Supervision: Lassen Sie Ihren Hund nie unbeaufsichtigt im Wasser. Selbst Hunde, die gut schwimmen können, können in Schwierigkeiten geraten. Halten Sie immer ein wachsames Auge auf Ihren Vierbeiner.

Langsame Einführung: Wenn Ihr Hund noch nie geschwommen hat, ist es wichtig, ihn behutsam ans Wasser zu gewöhnen. Beginnen Sie mit flachem Wasser und lassen Sie ihn langsam Vertrauen zum Schwimmen entwickeln.
Vorsicht vor Strömungen: Achten Sie auf Strömungen, insbesondere in Flüssen oder am Meer. Selbst starke Schwimmer können von starken Strömungen mitgerissen werden.

Süßwasser vs. Salzwasser: Salzwasser kann für Hunde irritierend sein, insbesondere wenn sie es trinken. Nach dem Schwimmen sollte Ihr Hund immer mit sauberem Süßwasser abgespült werden.

Die besten Orte für Hundeschwimmen:
Strände: Viele Strände erlauben Hunde, ins Wasser zu gehen, und bieten speziell ausgewiesene Bereiche für Hunde.
Seen und Teiche: Stauseen, Flüsse und Teiche sind oft ausgezeichnete Orte für Hundeschwimmen, vorausgesetzt, sie sind sicher und sauber.
Hundeschwimmbäder: In einigen Gebieten gibt es spezielle Hundeschwimmbäder, die eine kontrollierte Umgebung für das Schwimmen bieten.
Private Pools: Wenn Sie über einen eigenen Pool verfügen, kann das Schwimmen mit Ihrem Hund eine großartige Möglichkeit sein, Zeit zusammen zu verbringen.

Discdogging: Spielerische Akrobatik für Hund und Mensch

Discdogging, auch bekannt als Frisbee für Hunde, ist eine dynamische und
aufregende Hundesportart, die auf der ganzen Welt immer beliebter wird.
Diese Aktivität verbindet das Spiel und die Ausbildung Ihres Hundes auf
spielerische Weise und stärkt gleichzeitig die Bindung zwischen Ihnen beiden.
Der Sport ist für alle Hunderassen geeignet, solange der Hund gesund und in
guter körperlicher Verfassung ist.

Was ist Discdogging?
Discdogging ist eine Hundesportart, bei der Hunde geführte Würfe mit einer
Frisbee-Scheibe fangen. Der Hundebesitzer wirft die Scheibe, und der Hund
muss sie fangen, oft nachdem er mehrere akrobatische Sprünge und andere
Manöver ausgeführt hat.

Es gibt verschiedene Disziplinen im Discdogging, darunter Toss & Fetch, Freestyle und Long Distance. In der Toss & Fetch Disziplin hat der Mensch-Hund-
Team eine Minute Zeit, so viele Würfe wie möglich zu machen, und Punkte
werden basierend darauf vergeben, wie weit der Wurf ging und ob der Hund
die Scheibe gefangen hat. Freestyle erfordert hingegen eine Choreographie
mit Musik, bei der eine Vielzahl von Tricks und Würfen gezeigt wird. Long
Distance ist ein Wettbewerb, bei dem es darum geht, die Scheibe so weit wie
möglich zu werfen und der Hund sie fangen muss.

Wie fange ich mit Discdogging an?
Der Einstieg in das Discdogging ist relativ einfach und erfordert keine spe-
zielle Ausrüstung außer einer geeigneten Hundefrisbee. Es ist wichtig, eine
Frisbee zu verwenden, die für Hunde entwickelt wurde, da herkömmliche
Frisbees zu hart sein können und den Mund Ihres Hundes verletzen können.

Für Anfänger ist es ratsam, mit einfachen Würfen zu beginnen und sicherzustellen, dass Ihr Hund das Prinzip des Spiels versteht und Freude daran hat.
Von dort aus können Sie allmählich komplexere Würfe und Tricks einführen.

Es ist wichtig, darauf zu achten, dass Ihr Hund während des Trainings und
des Spiels nicht überanstrengt wird. Stellen Sie sicher, dass Ihr Hund gut auf-
gewärmt ist und Pausen macht, um zu verhindern, dass er sich verletzt.

Fazit
Discdogging ist ein toller Sport für Hunde, die viel Energie und eine natür-
liche Neigung zum Apportieren haben. Es ist eine ausgezeichnete Möglichkeit,
Ihren Hund geistig und körperlich zu fordern und gleichzeitig Spaß zu haben.

Ich fang' alles!

Aber denken Sie daran, immer die Sicherheit Ihres Hundes an erster Stelle zu setzen und ihn nicht zu überfordern. Mit Geduld und Übung kann Discdogging eine sehr lohnende Aktivität für Sie und Ihren Hund sein.

Zielobjektsuche (ZOS): Der Weg zur erfolgreichen Suche und Anzeige

Die Zielobjektsuche, häufig auch als ZOS bezeichnet, ist eine faszinierende Disziplin für Hunde und ihre Halter. Sie erfordert Konzentration, Koordination und vor allem die Fähigkeit des Hundes, Gerüche zu identifizieren und zu verfolgen. Die ZOS ist eine hervorragende Möglichkeit, um die natürlichen Instinkte eines Hundes zu fördern und seine geistigen und körperlichen Fähigkeiten zu fordern.

Was ist Zielobjektsuche?
In der ZOS lernt der Hund, bestimmte Gegenstände anhand ihres individuellen Geruchs zu suchen und anzuzeigen. Der Gegenstand kann fast alles sein, von einer bestimmten Person bis hin zu einem spezifischen Objekt.

Der Hund wird darauf trainiert, den spezifischen Geruch zu identifizieren und dem Pfad dieses Geruchs zu folgen, bis er das Zielobjekt erreicht hat. Sobald der Hund das Ziel gefunden hat, wird er auf eine bestimmte Art und Weise anzeigen, oft durch ein Sitz, Platz oder Steh, dass er das Objekt gefunden hat.

Wie beginnt man mit der Zielobjektsuche?
ZOS kann mit Hunden aller Rassen und Altersgruppen durchgeführt werden. Es wird empfohlen, mit einem erfahrenen Trainer oder in einer Gruppe zu beginnen, um die grundlegenden Prinzipien und Techniken der ZOS zu erlernen.

Das Training beginnt normalerweise mit einfachen Aufgaben, bei denen der Hund lernt, den spezifischen Geruch zu erkennen. Mit der Zeit wird das Training immer komplexer, indem der Gegenstand in verschiedenen Umgebungen und unter verschiedenen Bedingungen versteckt wird.

Die positive Verstärkung spielt eine entscheidende Rolle in der ZOS. Wenn der Hund das Zielobjekt findet und richtig anzeigt, wird er belohnt, oft mit einem Leckerli oder Spielzeug. Dies fördert die Motivation und das Engagement des Hundes und hilft ihm, die Verbindung zwischen der Suche, dem Finden und der Belohnung herzustellen.

Vorteile der Zielobjektsuche
ZOS bietet eine Vielzahl von Vorteilen für Hunde und ihre Halter. Sie fördert die geistige und körperliche Stimulation des Hundes und bietet eine positive und produktive Art, Energie abzubauen.

Darüber hinaus stärkt die ZOS die Bindung zwischen Hund und Halter.

Der Halter muss lernen, die Signale und Reaktionen seines Hundes zu lesen und darauf zu reagieren, was die Kommunikation und das Verständnis zwischen beiden fördert.

Schließlich kann die ZOS auch als wertvolles Hilfsmittel in verschiedenen professionellen Kontexten eingesetzt werden, von der Suche nach vermissten Personen bis hin zur Detektion von Drogen oder Sprengstoffen.

Zusammenfassend lässt sich sagen, dass die Zielobjektsuche eine herausfordernde und lohnende Aktivität ist, die sowohl den Hund als auch den Halter geistig und körperlich fordert und zugleich die Bindung zwischen ihnen stärkt.

Dogdancing: Kreatives Teamwork zwischen Mensch und Hund

Dogdancing, oder auch Hundetanz, ist eine hervorragende Möglichkeit, den natürlichen Bewegungsdrang Ihres Hundes zu nutzen, um körperliche und geistige Fitness zu fördern und gleichzeitig die Bindung zwischen Ihnen und Ihrem vierbeinigen Freund zu stärken. Diese Disziplin kombiniert Elemente aus der Hundeerziehung, dem Trickdogging und der Tanzkunst zu einer einzigartigen und unterhaltsamen Aktivität.

Was ist Dogdancing?
Dogdancing, oft auch als Canine Freestyle bezeichnet, ist eine Hundesportart, bei der der Halter und der Hund eine Choreographie zu Musik durchführen. Es beinhaltet eine Reihe von Bewegungen und Tricks, die vom Hund ausgeführt werden, oft in Zusammenarbeit mit dem Halter.

Die Choreographie kann eine Vielzahl von Bewegungen und Tricks umfassen, von einfachen Befehlen wie „Sitz" und „Platz" bis hin zu komplexeren Bewegungen wie Sprüngen, Drehungen und sogar Tanzelementen. Die Tricks können auf der Grundlage der natürlichen Bewegungen und Fähigkeiten des Hundes ausgewählt werden und sollten immer die Gesundheit und das Wohlbefinden des Hundes berücksichtigen.

Wie beginnt man mit Dogdancing?
Der Einstieg in das Dogdancing erfordert keine spezielle Ausrüstung und kann mit Hunden aller Rassen und Altersgruppen durchgeführt werden. Es ist jedoch empfehlenswert, mit einem erfahrenen Trainer oder in einer Hundetanzgruppe zu beginnen, um die grundlegenden Prinzipien und Techniken des Dogdancing zu erlernen.

Zunächst sollten Sie mit einfachen Tricks und Bewegungen beginnen und diese schrittweise zu einer Choreographie zusammenfügen. Denken Sie daran, immer positiv zu verstärken und Ihren Hund für jeden erfolgreichen Trick oder jede Bewegung zu belohnen.

Vorteile des Dogdancing
Dogdancing bietet zahlreiche Vorteile für Sie und Ihren Hund. Es ist eine ausgezeichnete Möglichkeit, Ihrem Hund körperliche und geistige Stimulation zu bieten und gleichzeitig seine Geschicklichkeit und Koordination zu verbessern.

Darüber hinaus fördert das Dogdancing die Bindung zwischen Ihnen und Ihrem Hund. Durch das gemeinsame Training und die Zusammenarbeit bei der

Choreographie lernen Sie, die Körpersprache und die Signale Ihres Hundes besser zu verstehen und zu interpretieren.

Schließlich ist das Dogdancing eine großartige Möglichkeit, um Ihren Hund in einer unterhaltsamen und kreativen Art und Weise zu präsentieren und seine Fähigkeiten und sein Talent zu zeigen. Ob in Wettbewerben oder einfach nur zum Vergnügen, Dogdancing ist eine Aktivität, die Sie und Ihren Hund gleichermaßen begeistern wird.

Insgesamt ist Dogdancing eine vielseitige und unterhaltsame Aktivität, die nicht nur Ihrem Hund Spaß macht, sondern auch Ihnen als Halter eine Möglichkeit bietet, kreativ zu sein und gleichzeitig die Bindung zu Ihrem vierbeinigen Freund zu stärken. Es ist eine Aktivität, die Körper und Geist gleichermaßen fordert und dabei stets den Spaß in den Vordergrund stellt.

Die schönste Zeit des Jahres.

Lassen Sie uns über das Thema Reisen mit Ihrem geliebten Pomsky sprechen. Schließlich möchte keiner von uns ohne seinen vierbeinigen Begleiter verreisen, oder?! Wenn es irgendwie möglich ist, sollten Sie versuchen, Ihren vierbeinigen Kumpel während des Urlaubs bei einem guten Freund zu „parken", den er bereits kennt, anstatt ihn in einer Hundepension oder einem Hundehotel unterzubringen. Aber am allerbesten ist es, wenn Sie Ihre Reise so planen, dass Ihr Vierbeiner Sie begleiten kann. Schließlich möchte er auf jeden Fall bei Ihnen sein, auch während der Ferien. Und keine Sorge, es ist gar nicht so schwer, Ihren Hund mit in den Urlaub zu nehmen, solange Sie ein paar grundlegende Dinge beachten.

Wenn Sie mit Ihrem Hund in den Urlaub fahren, entscheiden sich die meisten von Ihnen für das Auto. Nur wenige wählen das Flugzeug oder die Bahn für die Reise. Das Auto bietet einfach so viele Vorteile: Sie können alles

mitnehmen, was Ihr Hund braucht, und haben alles griffbereit. Außerdem
können Sie selbst entscheiden, wann Sie Pausen machen und wie lange Sie sie
machen. Und auch am Urlaubsort bleiben Sie mobil. Aber bitte sorgen Sie unbedingt dafür, dass Ihr Hund sicher im Auto untergebracht ist. Das ist wichtig
für seine und Ihre Sicherheit und außerdem Pflicht bei Autofahrten.

Mit dem Auto

Wenn Sie einen kleinen oder jungen Hund haben, können Sie ihn vor dem Bei-
fahrersitz auf dem Boden unterbringen. Aber achten Sie darauf, dass Ihr Bei-
fahrer genügend Beinfreiheit hat, sonst wird die Fahrt schnell unbequem. Es
gibt Hunde, denen schlecht wird, wenn sie während der Fahrt nicht aus dem
Fenster schauen können. Wenn Ihr Hund zu denen gehört, gehört er definitiv
auf den Rücksitz. Dort gilt auch für ihn die Anschnallpflicht. Es gibt verschiedene Gurtsysteme, die in praktisch jedes Auto passen. Sie geben Ihrem Hund
Halt und Bewegungsfreiheit. Sie können Sicherheitsgurte im Zoofachmarkt
oder online bei den bekannten Versandhändlern bekommen. Ach ja, besorgen
Sie sich am besten auch gleich eine Sicherheitsdecke, die zwischen den Vor-
der- und Rücksitzen angebracht wird. Sie verhindert, dass Ihr Hund während
der Fahrt nach vorne springt oder bei starkem Bremsen zwischen die Sitze
rutscht.

Nehmen Sie Rücksicht

Machen Sie spätestens alle 2 Stunden eine Pause, im Sommer vielleicht
sogar öfter. Leinen Sie Ihren Hund an, bevor Sie die Fahrzeugtür öffnen, und
machen Sie einen kleinen Spaziergang, damit er sich lösen kann. Bieten Sie
ihm auf jeden Fall frisches Wasser und einen gesunden Snack an. Hunde sind
besonders empfindlich gegen Hitze. Sorgen Sie also für frische, kühle Luft
im Auto, am besten über die Klimaanlage. Und fahren Sie nicht mit offenen
Fenstern oder im geöffneten Cabrio, damit sich Ihr Hund keinen Windzug
einfängt oder sogar aus dem Auto springt. Pflegen Sie einen sanften Fahrstil,
verzichten Sie auf ruckartiges Beschleunigen und scharfes Bremsen. Nehmen
Sie in den Kurven das Tempo etwas raus. Manche Hunde werden beim schnellen Fahren und den Geräuschen der Reifen sehr unruhig.

Mit dem Flugzeug

Die verschiedenen Fluggesellschaften haben unterschiedliche Regeln und
Tarife für die Mitnahme von Hunden, daher ist es wichtig, sich frühzeitig
darüber zu informieren. Große Hunde müssen in der Regel in einer speziellen
Transportbox im Frachtraum reisen, aber Ihr kleiner Welpe hat Glück! Kleine

Hunde bis zu einem Gewicht von etwa 8 kg dürfen oft als „Handgepäck" in einer Transporttasche mit in die Kabine genommen werden. Beachten Sie jedoch, dass die Plätze begrenzt sind, daher ist es ratsam, frühzeitig zu buchen. Die Unterbringung im Frachtraum kann für Ihren Hund extrem stressig sein und sollte nur in Ausnahmefällen und für längere Reisen in Betracht gezogen werden.

Mit der Bahn

Fast überall in Europa ist es erforderlich, für Bahnreisen mit Ihrem Hund zusätzlich ein Ticket im Kindertarif zu lösen, und in einigen Fällen zahlen Sie sogar den halben Preis Ihres eigenen Tickets. Kleine Hunde wie Ihr Welpe dürfen oft sogar kostenlos mitreisen, aber informieren Sie sich bitte vor der Reise bei der jeweiligen Bahngesellschaft. Beachten Sie, dass Hunde im Zugrestaurant keinen Zutritt haben und Ihr Pomsky nur in den Schlaf- oder Liegewagen mitkommen darf, wenn Sie das gesamte Abteil mieten.

Der EU-Heimtierpass

Wenn Sie innerhalb der Europäischen Union reisen, ist der EU-Heimtierpass ein Muss. Sie erhalten ihn von Ihrem Tierarzt oder bereits beim Kauf von einem seriösen Züchter. Der Pass enthält Angaben zu Ihrem Hund, wie zum Beispiel den Impfstatus und die Mikrochip-Nummer. Seit Januar 2011 ist ein Mikrochip zur Identifikation obligatorisch, und eine Tätowierung reicht nicht mehr aus. Eine gültige Tollwutimpfung ist besonders wichtig und sollte mindestens 30 Tage vor der Reise durchgeführt worden sein. Sie darf nicht älter als 1 Jahr sein. Beachten Sie auch, dass es in einigen Ländern zusätzliche spezielle Anforderungen gibt, die sich von Zeit zu Zeit ändern können.

Worauf sollten Sie achten?

Unterkunft

Informieren Sie das Hotel oder die Ferienwohnung vor der Anreise darüber, dass Sie Ihren Hund mitbringen, und reservieren Sie einen Platz für seinen Korb sowie Futter- und Wassernäpfe. Um zu verhindern, dass Ihr Hund in der fremden Umgebung entwischt, halten Sie insbesondere die Zimmertür geschlossen. Sorgen Sie dafür, dass das Hotelpersonal Ihr Zimmer nicht betritt, wenn Ihr Hund dort alleine ist.

Gewohnheiten

Halten Sie sich am gewohnten Tagesrhythmus Ihres Hundes fest. Versuchen Sie, die Fütterungszeiten und Gassigänge nicht zu ändern.

Ernährung

Nehmen Sie ausreichend Fertigfutter mit, das Ihr Hund gewohnt ist, um ihm eine Futterumstellung zu ersparen. Falls Sie Ihren Hund roh füttern, sollten Sie auch am Urlaubsort entsprechendes Futter finden können.

Klima

Südliche Sonne mag für uns Menschen eine Wohltat und eine willkommene Abwechslung zu den vergleichsweise kühlen Temperaturen bei uns sein, aber für Hunde kann es eine ganz andere Geschichte sein. Planen Sie gemeinsame Aktivitäten daher am besten in die kühleren Tageszeiten, um Ihrem Pomsky Unannehmlichkeiten zu ersparen.

Am Strand

Verbringen Sie mit Ihrem Hund nicht länger als zwei Stunden am Strand und bieten Sie ihm unbedingt einen schattigen Platz an. Stellen Sie sicher, dass er jederzeit Zugang zu frischem Wasser hat und spülen Sie sein Fell nach einem Bad im Meer immer mit Süßwasser ab. Achten Sie auf Strandverbote, da nicht überall Hunde erlaubt sind und es möglicherweise verschiedene Regeln für verschiedene Tageszeiten gibt.

Versicherung

Bevor Sie Ihre Reise antreten, überprüfen Sie, ob Ihre Tierhaftpflichtversicherung auch im Ausland gilt, und passen Sie den Versicherungsumfang gegebenenfalls an.

Registrierung

Spätestens jetzt ist es an der Zeit, Ihren Hund bei TASSO registrieren zu lassen. Die Registrierung ist genauso kostenlos wie der Suchdienst, falls Ihr Vierbeiner im Urlaub verloren gehen sollte.

Es versteht sich von selbst, dass Ihr Hund gechippt sein muss. Zusätzlich sollten Sie ihn mit einer Marke versehen lassen, auf der Ihre Heimat- und

Urlaubsadresse sowie Ihre Handynummer vermerkt sind. Dadurch kann er leichter zu Ihnen zurückgebracht werden, falls er mal ausbüchst.

Also, Sie reisefreudiger Hundebesitzer, mit den richtigen Vorbereitungen und ein wenig Planung können Sie Ihren Liebling ohne Probleme mit in den Urlaub nehmen. Egal ob mit dem Auto, dem Flugzeug oder der Bahn, achten Sie immer auf die Sicherheit und das Wohlbefinden Ihres Hundes während der Reise. Informieren Sie sich über die spezifischen Bestimmungen und sorgen Sie dafür, dass Sie alle erforderlichen Dokumente wie den EU-Heimtierpass griffbereit haben.

Vergessen Sie nicht, an alles zu denken, was Ihr Hund während des Urlaubs benötigt: sein gewohntes Futter, Wasser, Spielzeug, Körbchen und alles, was ihm ein Gefühl von Zuhause vermittelt. Planen Sie Pausen ein, lassen Sie Ihren Hund ausreichend Gassi gehen und sorgen Sie für frische Luft und angemessene Temperaturen im Fahrzeug. Beachten Sie die Strandregeln und sorgen Sie dafür, dass Ihr Hund jederzeit gut versichert ist.

Mit diesen Tipps steht einem tollen Urlaub mit Ihrem Pomsky nichts im Wege. Also packen Sie Ihre Koffer, schnappen Sie sich Ihren vierbeinigen Begleiter und los geht's! Zusammen werden Sie unvergessliche Abenteuer erleben und eine großartige Zeit miteinander verbringen. Viel Spaß und gute Reise!

"Wer auch immer gesagt hat, Glück könne man nicht kaufen, hat vergessen, dass es ja Welpen gibt."

Gene Hill

So soll der Pomsky sein.

Der Pomsky, eine faszinierende Kreuzung aus Siberian Husky und Pomeranian (Zwergspitz), gehört zu den jüngeren und dennoch bereits sehr beliebten Hybridrassen weltweit. Er vereint die majestätische Erscheinung und Ausstrahlung des Huskys mit dem niedlichen, verspielten Charme des Pomeranian – eine Mischung, die Herzen im Sturm erobert.

Auch wenn der Pomsky bisher von großen kynologischen Verbänden wie dem American Kennel Club (AKC) oder der Fédération Cynologique Internationale (FCI) noch nicht offiziell als Rasse anerkannt ist, haben sich innerhalb der Züchtergemeinschaft gewisse „Wunschmerkmale“ und Typisierungen herausgebildet, die als Idealbild dieser besonderen Hybridrasse gelten.

Größe und Gewicht
Die Größe des Pomsky kann stark variieren – je nachdem, ob ein Pomeranian

mit einem Standard-, Miniatur- oder Toy-Husky gekreuzt wurde, und ob es sich um eine F1-, F1B-, F2- oder spätere Generation handelt.

Typische Größenordnungen:
Typ   Schulterhöhe   Gewicht
Toy Pomsky   ca. 20–25 cm   4–7 kg
Mini Pomsky   ca. 25–33 cm   7–11 kg
Standard Pomsky   ca. 33–40 cm   11–15 kg
Der Körperbau sollte harmonisch und kompakt sein – nicht zu zart, aber auch nicht zu schwer oder gedrungen. Ziel ist ein ausgewogenes, sportlich-elegantes Erscheinungsbild.

Körperbau und Ausdruck

Kopf:
Proportioniert, mit einem klaren Ausdruck. Die Kopfform kann zwischen fuchsartig (Pomeranian) und wolfsähnlich (Husky) variieren.
Der Blick sollte wach und intelligent wirken.
Augen:
Groß, mandelförmig oder rund – häufig blau, braun oder unterschiedlich gefärbt (Heterochromie). Die Augen verleihen dem Pomsky einen intensiven, fast menschlichen Ausdruck.
Ohren:
Meist aufrecht stehend, dreieckig, gut behaart – wie beim Husky. Manchmal zeigen sie auch eine leichte Rundung wie beim Zwergspitz.
Nase:
Schwarz oder dunkelbraun, je nach Fellfarbe.
Rute:
Mittellang bis buschig und oft stolz über dem Rücken getragen.

Fell – das Markenzeichen des Pomsky

Das Fell des Pomsky ist eines seiner auffälligsten Merkmale – und kann in Länge, Dichte und Struktur stark variieren.
Textur:
Dicht, mit Unterwolle. Meist mittellang bis lang, plüschig oder seidig – je nach genetischem Anteil von Husky oder Pomeranian.
Pflege:
Regelmäßiges Bürsten ist Pflicht, besonders während des Fellwechsels. Das Fell neigt zu Verfilzungen, wenn es nicht gepflegt wird.
Farben:
Der Pomsky zeigt eine große Bandbreite an Farben und Zeichnungen.

Typisch sind:
Schwarz-Weiß
Grau oder Silber
Braun / Chocolate / Rot
Weiß oder Creme
Sable (Zobel)
Merle (bei gezielter Zucht, mit Vorsicht zu behandeln)

Mehrfarbig oder mit „Husky-Maske"

Temperament und Wesen

Der Pomsky ist bekannt für sein freundliches, wachsames und manchmal
etwas eigensinniges Wesen. Er ist intelligent, verspielt, anhänglich und zeigt
sich oft sehr menschenbezogen.

Verhalten:
Lebhaft, neugierig und bewegungsfreudig – mit einem Hauch Husky-Unabhän-
gigkeit. Er braucht sowohl körperliche als auch geistige Auslastung.

Familienfreundlich:
Gut geeignet für Familien mit Kindern (bei richtiger Sozialisierung), aber auch
für Einzelpersonen oder Paare mit Hundeverstand.

Sozialverhalten:
In der Regel freundlich mit anderen Hunden, kann aber eine gewisse Dominanz oder Eigenwilligkeit zeigen – besonders, wenn er unterfordert ist.

Intelligenz:
Schnell lernend, aber auch gerne mal „eigen". Konsequente, liebevolle Erziehung ist wichtig. Clickertraining, Tricktraining oder Agility eignen sich
hervorragend für die geistige Auslastung.

Gesundheit
Als Hybridrasse kann der Pomsky von der sogenannten Hybridkraft profitieren – vorausgesetzt, die Zucht ist verantwortungsvoll.

Regelmäßige tierärztliche Untersuchungen, gesunde Ernährung und sorgfältige Pflege sind essenziell.

Fazit
Der Pomsky ist eine vielseitige, intelligente und ausdrucksstarke Hybridrasse,
die mit ihrer Mischung aus nordischer Eleganz und flauschiger Verspieltheit
begeistert.

Auch wenn es keinen offiziellen Rassestandard gibt, haben sich unter ver-
antwortungsvollen Züchtern gewisse Merkmale als wünschenswert etabliert
– sowohl im Aussehen als auch im Verhalten.

Wer bereit ist, Zeit, Aufmerksamkeit und eine liebevolle Erziehung zu investieren, bekommt mit dem Pomsky einen treuen, lebhaften und oft zutiefst
verschmusten Begleiter.
Er ist nicht nur ein Modehund – er ist ein echtes Charaktertier mit Stil, Herz
und Persönlichkeit.

Ordnung muss sein – zum Wohl der Rasse!

Die Fédération Cynologique Internationale (FCI), yeah, das ist die internationale Supertruppe, die sich voll und ganz der Förderung und Entwicklung von Hunderassen verschrieben hat. Die haben's richtig drauf! Gegründet wurde die FCI 1911 in Belgien und hat ihren Hauptquartier in Thuin, Belgien. Da geht's richtig zur Sache!

Die FCI ist so ,ne Art Boss, der über nationale Hundeclubs aus der ganzen Welt aufpasst. Momentan hat die FCI Mitgliedsverbände aus 98 Ländern und Gebieten. Diese Mitgliedsverbände sind dafür verantwortlich, Hunderassen in ihrem Land zu züchten, zu schützen und zu registrieren. Die arbeiten eng mit der FCI zusammen, um Standards für die einzelnen Rassen festzulegen und zu fördern. Gemeinsam rocken sie die Hunde-Welt!
Die FCI hat über 360 Rassen voll anerkannt, das ist echt beeindruckend! Und die haben die Rassen in 10 coole Gruppen aufgeteilt, je nach Verwendungs-

zweck oder Herkunft. Da haben wir die Jäger, die Schäferhunde, die Terrier, die Pinscher, die Schnauzer, die Molosser, die Begleit- und Gesellschaftshunde, die Windhunde und die Nicht-Sportlichen Hunde. Ja, da ist für jeden was dabei!

Aber die FCI ist nicht nur für die Show da, nein, nein! Die setzen sich richtig für das Wohlbefinden und die Gesundheit der Hunde ein. Die haben da klare Richtlinien für Züchter und Halter, um sicherzustellen, dass die Hunde vernünftig gezüchtet, gehalten und geschützt werden. Respekt, FCI! Die kümmern sich auch um die Ausbildung von Züchtern, Trainern und Richtern. Da läuft alles wie geschmiert!

Und die FCI ist auch mega wichtig für die Hunde mit den internationalen Ambitionen. Die geben nämlich die offiziellen Ahnentafeln (so ‚ne Art Geburtsurkunde) raus, damit jeder sehen kann, dass ein Hund wirklich reinrassig ist und von einer bestimmten Zuchtlinie stammt. Ohne die Tafeln geht's nicht auf die großen Shows und Wettbewerbe, also ist das schon echt wichtiges Zeug!

Insgesamt spielt die FCI eine mega wichtige Rolle, wenn's um die Förderung und den Schutz von Hunderassen auf der ganzen Welt geht. Die sorgen dafür, dass die Hunde ordentlich gezüchtet, gehalten und geschützt werden und dass für jede Rasse klare Standards gelten. Damit wollen sie sicherstellen, dass unsere felligen Freunde gesund, glücklich und voll funktionsfähig sind. Yeah, FCI, weiter so!

Hier finden Sie die echten Fachleute.

Auch wenn der Pomsky keine offiziell anerkannte Rasse im Sinne großer kynologischer Verbände ist, sollte der Kauf eines Pomsky-Welpen ausschließlich bei einem verantwortungsbewussten Züchter erfolgen. Die Beliebtheit dieser Hybridrasse hat leider auch dazu geführt, dass unseriöse Anbieter versuchen, vom Trend zu profitieren – oft auf Kosten von Tierwohl und Gesundheit.

Ein guter Züchter legt großen Wert auf die Gesundheit, das Wesen und die artgerechte Aufzucht seiner Hunde. Hier sind einige Gründe, warum das so wichtig ist:

Gesundheit und Genetik
Verantwortungsvolle Pomsky-Züchter lassen ihre Zuchttiere auf rassetypische Erbkrankheiten untersuchen – etwa Patellaluxation, Augenkrankheiten oder

Zahnprobleme, die sowohl bei Huskys als auch beim Pomeranian vorkommen
können. Durch diese Vorsorge wird das Risiko genetisch bedingter Gesundheitsprobleme bei den Welpen deutlich reduziert.

Sozialisation von Anfang an

Pomsky-Welpen, die in einer liebevollen, ruhigen und gepflegten Umgebung
aufwachsen, lernen von Anfang an den Kontakt zu Menschen, Alltagsgeräu-
schen und anderen Tieren kennen. Diese frühe Prägung ist entscheidend
für ein stabiles, ausgeglichenes Wesen und erleichtert die Eingewöhnung im
neuen Zuhause erheblich.

Transparenz und Vertrauen

Ein seriöser Pomsky-Züchter ist offen und transparent:
Er zeigt dir die Mutterhündin, gibt Einblick in die Aufzuchtbedingungen und
stellt alle relevanten Unterlagen zur Verfügung – von Gesundheitsnachweisen
über Zuchtnachweise bis zu Impf- und Entwurmungspapieren.
Fragen sind willkommen – denn ein guter Züchter freut sich über interessier-
te, verantwortungsvolle Käufer.

Begleitung über den Kauf hinaus

Verantwortungsbewusste Züchter sehen ihre Aufgabe nicht mit der Übergabe
des Welpen als beendet. Sie stehen auch danach mit Rat und Unterstützung
zur Seite – sei es bei Erziehungsfragen, Pflege, Fütterung oder gesundheitlichen Themen. Diese Begleitung auf Lebenszeit ist ein Zeichen echter Leiden-
schaft für die Rasse.

Ethische Zucht statt Massenvermehrung

Ein guter Pomsky-Züchter züchtet nicht aus kommerziellem Interesse, sondern aus Liebe zu seinen Hunden. Er achtet auf angemessene Wurfpausen,
eine artgerechte Haltung der Elterntiere und eine Zuchtpraxis, die das Wohl
der Hunde über den Profit stellt. Die Zucht erfolgt kontrolliert, mit Blick auf
Gesundheit, Charakter und Typ – nicht auf Massenproduktion oder Trendfar-
ben.

Infos zu Hybridhunden gibt es auch hier:

EHV e.V.
Edelhunde Zuchtverband
Postfach 1224
93402 Cham
https://www.ehv-ev.club

TASSO e.V. und FindeFix sind zwei führende Organisationen in Deutschland, die sich auf die Registrierung und das Auffinden verlorener Haustiere spezialisieren.

Beide bieten wertvolle Dienstleistungen an, um vermisste Tiere wieder mit ihren Besitzern zu vereinen, und ergänzen sich in ihren Bemühungen, das Wohlergehen von Haustieren zu fördern.

TASSO e.V.

TASSO e.V. ist Europas größtes Haustierregister mit Millionen registrierter Tiere. Die Organisation bietet einen kostenlosen Service zur Registrierung von Haustieren, die mit einem Mikrochip oder einer Tätowierung gekennzeichnet sind.
TASSO arbeitet daran, verlorene Tiere zu identifizieren und sie sicher zu ihren Besitzern zurückzubringen. Dies wird durch eine umfangreiche Datenbank ermöglicht, in der die Identifikationsnummern der Mikrochips oder Tätowierungen zusammen mit den Kontaktdaten der Besitzer gespeichert sind.
Zusätzlich bietet TASSO einen 24-Stunden-Notfall-Service, eine verlorene-und-gefundene-Datenbank und verschiedene Informationskampagnen zum Thema Tierregistrierung und -schutz.

FindeFix - Das Haustierregister des Deutschen Tierschutzbundes

FindeFix ist eine Initiative des Deutschen Tierschutzbundes und dient ebenfalls der Registrierung von Haustieren, vor allem von Hunden und Katzen.

Ähnlich wie TASSO verwendet auch FindeFix die Mikrochip-Technologie, um verlorene Haustiere zu identifizieren und zu ihren Besitzern zurückzuführen.

Die Registrierung bei FindeFix ist ebenfalls kostenlos.

Neben der zentralen Registrierungsdienstleistung bietet FindeFix Informationen und Unterstützung für Haustierbesitzer, darunter Ratschläge für den Fall des Verlusts eines Haustieres.

Zusammenfassung und Bedeutung

Sowohl TASSO als auch FindeFix spielen eine entscheidende Rolle im Tierschutz in Deutschland.

Durch die Bereitstellung von Registrierungs- und Rückführungsdiensten tragen sie dazu bei, die Sicherheit von Haustieren zu erhöhen und das Leid von verlorenen Tieren und ihren Besitzern zu verringern.

Die Registrierung bei solchen Organisationen ist ein wichtiger Schritt für verantwortungsbewusste Haustierbesitzer. Sie erhöht die Wahrscheinlichkeit, dass ein verlorenes Tier schnell und sicher nach Hause zurückkehrt.

Diese Organisationen ergänzen die Arbeit von lokalen Tierheimen und Tierschutzvereinen und bilden ein wichtiges Netzwerk zum Schutz und zur Fürsorge für Haustiere.

Die Dienste von TASSO und FindeFix sind beispielhaft für moderne Ansätze im Tierschutz und in der Tierregistrierung, die darauf abzielen, das Wohlergehen von Haustieren zu gewährleisten und die Bindung zwischen Tieren und ihren Besitzern zu stärken.

Hat Ihnen dieses Buch gefallen?

Hallo zum Schluß, liebe Leserin und lieber Leser!

Wenn Sie mein Buch vom Anfang bis hier her gelesen haben, waren das jetzt knapp 190 Seiten, die Sie studiert und mir dabei erlaubt haben, Sie dabei zu begleiten. Das macht mich unglaublich stolz und ich hoffe, Sie hatten Spaß beim Lesen und konnten wichtige Informationen für Sie ganz persönlich umsetzen.

Natürlich hätte ich dieses Buch niemals alleine herausgeben können, ein fleissiges und total Hunde verrücktes Team hat mir bei vielen Dingen wie den Fotos, dem Layout, der Grafik und vielem mehr geholfen - es handelt sich also um das Ergebnis einer einzigartigen und freundschaftlichen Teamarbeit.

Und wenn Ihnen die letzten knapp 190 Seiten eine angenehme, kurzweilige
Zeit beschert haben und meine Tipps Ihnen helfen konnten, empfehlen Sie
dieses Buch doch bitte weiter. Ich freue mich über jede einzelne neue Leserin
und jeden einzelnen neuen Leser!

Erlauben Sie mir eine kleine Bitte zum Schluß: Wenn Ihre Zeit es zulässt, hinterlassen Sie doch bitte eine nette Rezension auf amazon oder dort, wo Sie es
gekauft haben, für dieses Buch. Wir freien Autoren haben keinen mächtigen
Großverlag hinter uns. Um auf dem großen Buchmarkt bestehen zu können,
sind es vor allem die Rezensionen bei amazon + Co., die den „kleinen" Schrei-
bern und dem Team im Hintergrund helfen.

Auch ein Posting in den sozialen Netzwerken wäre natürlich toll!

Dafür danke ich Ihnen ganz herzlich!

Alles Gute für Sie und Ihren Hund,

Ihre Emilia Stappert & Team!